La guía increíblemente fácil de Android 13

Guía para principiantes de los teléfonos Android (incluido el Pixel 7)

Scott La Counte

ANAHEIM, CALIFORNIA
www.RidiculouslySimpleBooks.com

Índice

Descargo de responsabilidad: *aunque se ha hecho todo lo posible para garantizar la exactitud, este libro no está avalado por Alphabet, Inc. y debe considerarse no oficial.*

Introducción

Cuando ves el precio de un teléfono Pixel al lado de un iPhone o un Samsung, probablemente imaginas que es un poco... más barato. Te equivocarías; año tras año, el Pixel ha demostrado que es quizá el mejor teléfono que el dinero puede comprar.

Esto es más cierto que nunca con el Pixel 7. No solo es más rápido, sino que la IA que trabaja en segundo plano empezará a sentirse como tu asistente personal.

Si usted está cambiando de un iPhone u otro dispositivo Android, este libro es para usted. ¡Desglosará todo lo que necesitas saber sobre el dispositivo y lo mantendrá ridículamente simple!

En este libro, aprenderá sobre:

- Configurar el teléfono
- Hacer llamadas
- Instalación de aplicaciones
- Uso de la cámara
- Navegar por Internet
- Cambiar la configuración del sistema
- Y mucho más.

¿Listo para saber más? Pongámonos manos a la obra.

[1]

Comience aquí

Píxel contra píxel

Lo interesante de la próxima generación de Pixel -de hecho, de todos sus teléfonos- se encuentra a menudo en el software, no en el hardware. Donde Google brilla por encima de la competencia es en la IA integrada en el software, una IA que llega primero a los teléfonos de última generación y que a veces no llega a los teléfonos más antiguos. Con el Pixel 7, la mejora de la IA es más fuerte con lo que puede hacer por tus fotos (más sobre esto más adelante).

Dicho esto, hay algunas mejoras en el Pixel 7 con respecto al Pixel 6 del año pasado.

El precio, por suerte, no ha cambiado en el Pixel; los colores, sin embargo, sí lo han hecho, como suele ocurrir en el Pixel. Desde el punto de vista estético, el Pixel también es ligeramente más ligero y delgado. El tamaño real de la pantalla también es un poco más pequeño, lo que probablemente no notarás. Desbloqueo facial también está de vuelta en el Pixel - esta característica ha estado ausente desde el Pixel 4; usted todavía tiene la opción, sin embargo, para desbloquear el teléfono con una huella digital.

En cuanto al procesador, el teléfono es más rápido; tiene un chip Tensor G2 actualizado, algo que los usuarios ocasionales podrían no notar, pero que hará que el teléfono funcione con más fluidez en segundo plano.

Pero lo que todo el mundo quiere saber es la cámara. Aunque la cámara frontal se ha mejorado a 10,8 MP (frente a los 8MP del 6), la cámara trasera no ha cambiado. No ocurre lo mismo con el teléfono de la serie Pro, que tiene una lente ultra gran angular y un zoom mejor.

Hay una cosa a tener en cuenta cuando consideres hacer una actualización del Pixel 6 al 7: Google da una recompra muy justa en los teléfonos en el lanzamiento. Cambiar tu Pixel 6 por un Pixel 7 te costará probablemente menos de 200 dólares (el rango de recompra cambia con el tiempo).

Pixel vs iPhone vs Samsung

La verdadera pregunta para mucha gente no es cómo se compara el Pixel consigo mismo, sino cómo se compara con otros teléfonos insignia, especialmente el iPhone y la serie S de Samsung.

¿Qué tal es? En una palabra: ¡fantástico! Todos los teléfonos insignia tienen características que los hacen destacar; puedes debatir todo el día cuál tiene la mejor cámara o procesador o aplicaciones, pero una cosa está clara sobre el Pixel: es, de lejos, la mejor relación calidad-precio. Los precios de los teléfonos de Google son bastante agresivos en comparación con los de la competencia y, por ese dinero, obtienes un teléfono de gama alta a un precio mucho más barato que los demás.

Pero veamos cómo se comparan realmente.

Si nos fijamos en el peso de los teléfonos, el Pixel es el más pesado de todos (a partir de 197 gramos); el Samsung S22 es el más ligero (a partir de 168 gramos); lo más probable es que no lo notes.

Sobre el papel, las cámaras parecen muy diferentes; en el iPhone básico (no en el pro), la cámara es de 12 MP; el Pixel y el teléfono de Samsung son de 50 MP. Pero no hay que fiarse solo del papel cuando hablamos de cámaras; incluso con 12 MP, muchos dirán que las fotos del iPhone son mejores. Es realmente la lente y cómo se procesan las fotos lo que las hace buenas. El iPhone supera tanto al Samsung como al Pixel con su lente frontal: 12 MP frente a los 10,8 del Pixel y los 10 del Samsung.

Tanto el Pixel como el iPhone pueden capturar vídeo 4K; el S22 los supera con la capacidad de grabar en 8K -ambos, de nuevo, no significa que sea una mejor cámara de vídeo; además, ten en cuenta que la mayoría de los televisores actualmente no tienen 8K, por lo que incluso si tomas un vídeo 8K, te costará encontrar un lugar para mostrarlo.

La memoria interna de los teléfonos es difícil de comparar porque iPhone no revela cuánta RAM tiene el iPhone 14.

Tanto el Pixel como el Samsung usan USB-C; el iPhone sigue dependiendo de un adaptador de luz, lo que decepciona a las personas que quieren un cargador para cargar todas las cosas.

[2]

Puesta en marcha

Este capítulo tratará:

- Configurar
- Desbloqueo facial
- Principales elementos de la interfaz de usuario

Configurar

La configuración es bastante intuitiva, pero todavía hay pantallas que pueden confundirte un poco. Si eres una persona emprendedora y te gusta simplemente probar cosas, entonces pasa a la siguiente sección sobre los principales elementos de la interfaz de usuario de Android. Si quieres una guía más detallada, ¡sigue leyendo!

Google sabe que quieres empezar a utilizar tu teléfono, así que ha hecho que el proceso sea bastante rápido; la mayoría de la gente empleará unos 5 o 10 minutos.

Lo primero que verás es la pantalla "Hola"; técnicamente podrías hacer una llamada de emergencia en esta pantalla, pero no te lo recomiendo a menos que sea realmente una emergencia; no se trata de una emergencia del tipo "hola, mamá, voy a llegar tarde"... se trata de una llamada directa a los servicios de emergencia del tipo "me he caído y no puedo levantarme". Cuando estés listo para empezar, pulsa el botón azul "Empezar".

Tienes dos opciones en la siguiente pantalla: conectarte a wi-fi para poder iniciar una configuración "sin SIM" o insertar tu tarjeta SIM.

Si añades una tarjeta SIM puedes saltarte todos los pasos siguientes. Si estás haciendo SIM-Free, entonces toca "Start SIM-free setup instead". La siguiente pantalla explica SIM-free; SIM-free es exactamente lo que parece, pero no es soportado por todos los operadores. Si tu operador lo admite, entonces te recomiendo que lo hagas, ya que todo se almacenará en línea en lugar de en una tarjeta que se puede rayar y dañar fácilmente. Pulsa el botón azul "Siguiente" para empezar.

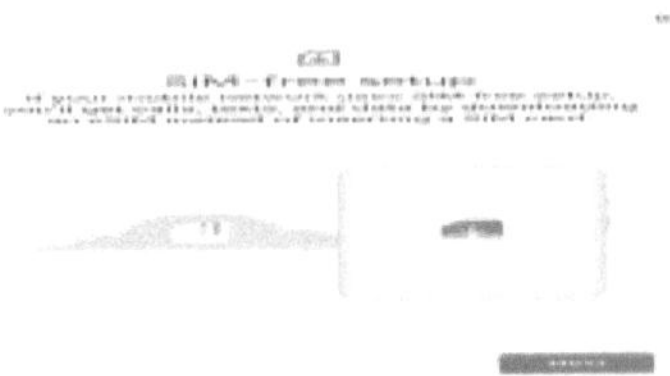

La siguiente pantalla te pide que selecciones tu red wi-fi. A continuación aparece una pantalla de actualización. La última actualización debería tardar aproximadamente un minuto. Cuando termine, verás la pantalla "Copiar aplicaciones y datos".

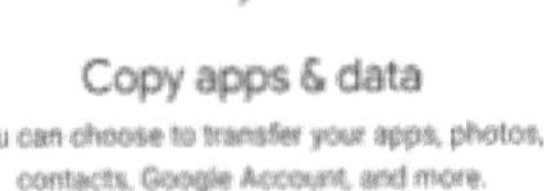

Copiar aplicaciones y datos es bastante ingenioso. Te permitirá copiar todo desde tu antiguo teléfono para que no haya tanto que hacer en el nuevo. Funciona tanto con iPhone (a través de un adaptador especial) como con Android. No es perfecto, sobre todo con el iPhone, pero te ahorrará tiempo. Si vienes de un teléfono Android de generación anterior, también puedes hacerlo sin cable utilizando tu inicio de sesión. Si quieres saltártelo y empezar desde cero, selecciona "No copiar" en la esquina inferior izquierda.

A continuación, accede a tu cuenta de Google (la que utilizas normalmente para consultar el correo electrónico, a menos que no utilices Gmail). Si no tienes una cuenta de Google, haz clic en la opción para crearla.

Una vez que pulses "siguiente" e "iniciar sesión", aparecerá un montón de información legal. Básicamente dice que Google no es responsable de nada. Acepta o te acabas de comprar un ladrillo muy caro. Verás muchas de estas pantallas legales, así que ponte las gafas de leer y prepárate para una noche muy larga, o simplemente acepta.

Servicios de Google es la siguiente pantalla. Se trata de dar permiso al teléfono para utilizar funciones del teléfono (como el escáner de huellas dactilares, los servicios de localización para ver dónde estás, enviar a Google y a los desarrolladores informes de fallos y hacer copias de seguridad del teléfono en Google Drive). Recomiendo seleccionar todas ellas. Si te preocupa la privacidad, te mostraré algunos ajustes que puedes hacer más adelante. También debo señalar: si las desactivas aquí, puedes volver a activarlas más tarde.

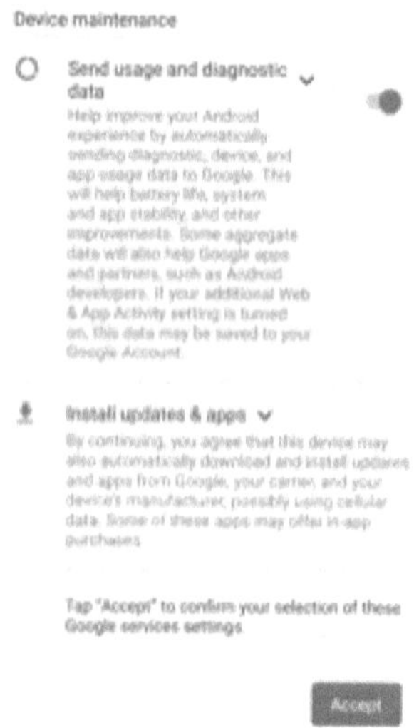

Lo siguiente es otro recordatorio de que no puedes culpar a Google de nada. Realmente quieren que entiendas esto. De ese modo, si el teléfono te explota en la mano, obviamente será culpa tuya.

A continuación, es hora de empezar a configurar el teléfono. ¿Qué era todo eso? Era tu cuenta. Lo primero: el bloqueo de pantalla. Esto es básicamente para que si alguien roba o encuentra tu teléfono, no pueda abrirlo a menos que sepa tu contraseña.

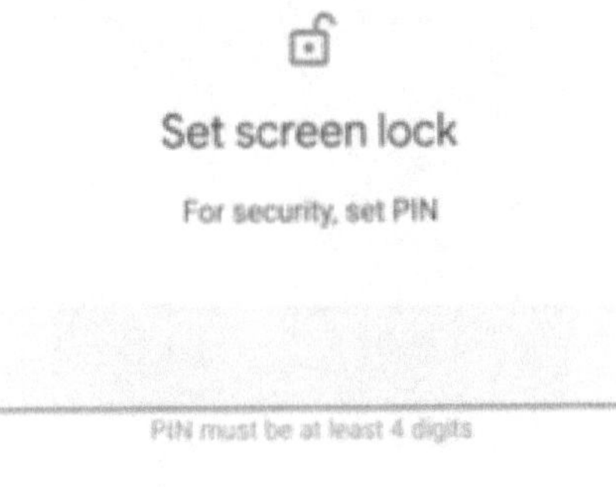

Si pulsas sobre "Opciones de bloqueo de pantalla" verás aún más opciones. El desbloqueo puede ser un patrón (por ejemplo, un movimiento en forma de siete), puede ser una palabra o puede ser un número (¡pero no uses el número pin de tu banco!). También puedes omitir añadir un pin y tener el teléfono siempre desbloqueado.

La siguiente pantalla te pedirá un pin. Si tocas "Opciones de bloqueo de pantalla" también puedes añadir un patrón. Todo son preferencias. Mi único consejo es que no utilices un pin que uses en otro sitio (como un pin bancario) o un pin fácil (como 1234).

Una vez que pulse "Siguiente", vuelva a introducir el pin para confirmarlo.

También tendrás la opción de añadir una huella dactilar para desbloquear el teléfono. A diferencia de muchos teléfonos, el sensor de huellas dactilares del Pixel está en la propia pantalla. Genial, ¿verdad? Un consejo. Si eres como yo, probablemente pondrás un protector de pantalla encima para que haya más protección si se cae. Eso va a ser problemático para el sensor hasta que lo actualices, así que si ves que no funciona, actualiza el software de Android (te enseñaré cómo más adelante) y comprueba si se soluciona.

Añadir una huella dactilar es bastante sencillo. El teléfono te dirá exactamente dónde debe ir tu dedo. Sólo tienes que tocar con el dedo la pantalla donde se muestra. Y ya está. Puedes añadir un dedo o varios. También puedes añadir los dedos de otras personas, así que si tienes a alguien a quien le das permiso para usar tu teléfono, también puedes añadirlo.

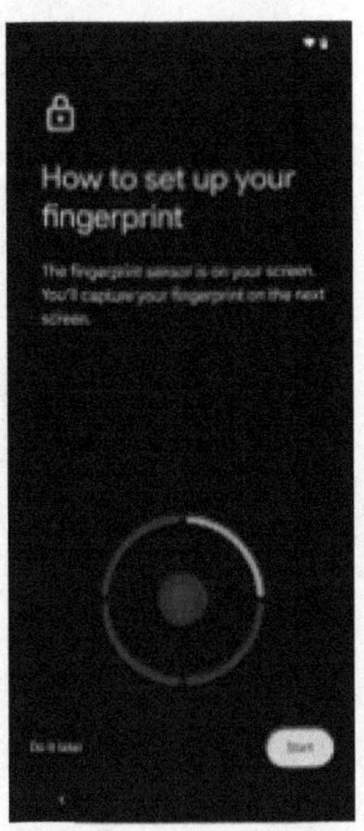

Sólo tienes que pulsar Añadir otro al final de la configuración si quieres añadir más.

La novedad de Pixel 7 es la posibilidad de desbloquear con la cara; es algo que le faltaba sentido al Pixel 4.

Configurar el Asistente de Google es lo siguiente. Google Assistant es el equivalente de Google a Siri. Puedes tocar "Dejar & obtener recordatorio" pero es muy rápido de hacer, así que es mejor quitarlo de en medio.

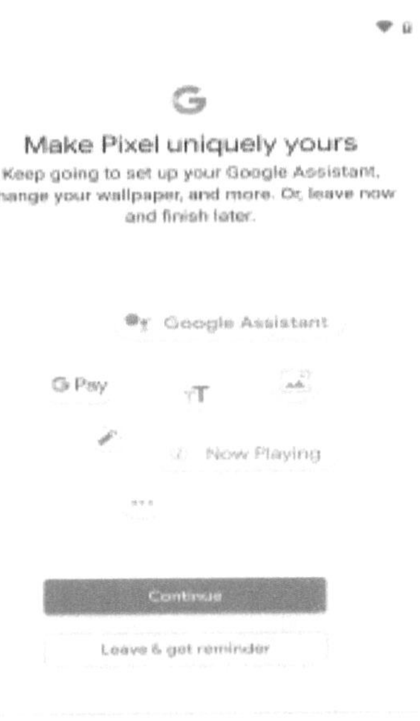

Una vez que aceptes los términos, estarás listo para empezar. Se te harán algunas preguntas (a menos que tengas un Google Home y Google ya conozca tu voz).

Ya casi has terminado. La pantalla "¿Algo más?" es tu última oportunidad para añadir ajustes antes de terminar la configuración, y recuerda: puedes cambiar todo esto más tarde. Así que si no quieres hacerlo ahora, siempre puedes hacerlo más tarde. La única cosa que voy a señalar es "Añadir otra cuenta de correo electrónico"; si estás utilizando este teléfono en el trabajo, entonces es una buena idea añadir aquí tu correo electrónico del trabajo.

La última pantalla te pregunta si deseas recibir correos electrónicos de Google con consejos sobre cómo utilizar el teléfono. Cuando estás empezando, estos correos electrónicos son útiles. No aparecen muy a menudo. Si quieres activarlo, simplemente activa el botón "Registrarse" (se volverá azul o estará azul si ya está marcado).

Después de unos segundos, aparecerá una pantalla que dice: "Ir a casa". Parece que el teléfono te está diciendo que no has superado la configuración y que ahora debes volver a casa con las manos vacías.

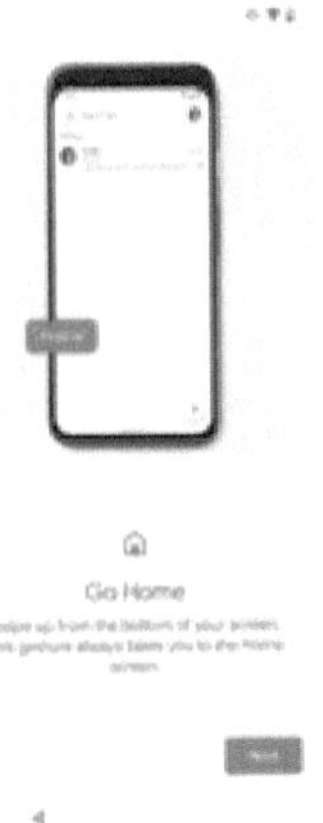

No se preocupe. Sólo te está diciendo que vayas a la pantalla de inicio porque por fin has terminado. Estas últimas pantallas son breves tutoriales que te darán un par de consejos sobre el funcionamiento del teléfono.

Después de algunos consejos, verás la pantalla "¡Todo listo!", que es la pantalla final. ¡Por fin has terminado!

Desliza el dedo hacia arriba y verás la pantalla de inicio. Por fin estás listo para utilizar tu teléfono.

Cómo orientarse

La gente llega al Pixel desde todo tipo de lugares diferentes: iPhone, otro teléfono Android, teléfono plegable, dos vasos de poliestireno atados con una cuerda. La siguiente sección es un curso intensivo de la interfaz. Si has usado Android antes, entonces puede parecer un poco simple, así que salta adelante si ya sabes todo esto.

Si todo esto te parece un poco precipitado, hay una buena razón: ¡lo es! Más adelante trataremos estos puntos con más detalle. Esto es sólo un rápido arranque / referencia.

En la parte inferior de la pantalla está la barra de accesos directos, en la que pasarás mucho tiempo; puedes añadir lo que quieras a esta zona, pero estas son las aplicaciones que Google cree que usarás más y, con la excepción de Play Storeprobablemente tengan razón. Dependiendo de la configuración que hayas elegido y del teléfono que tengas, puede o no tener un aspecto diferente. Por ejemplo, podría mostrar cuatro aplicaciones seguidas en lugar de seis.

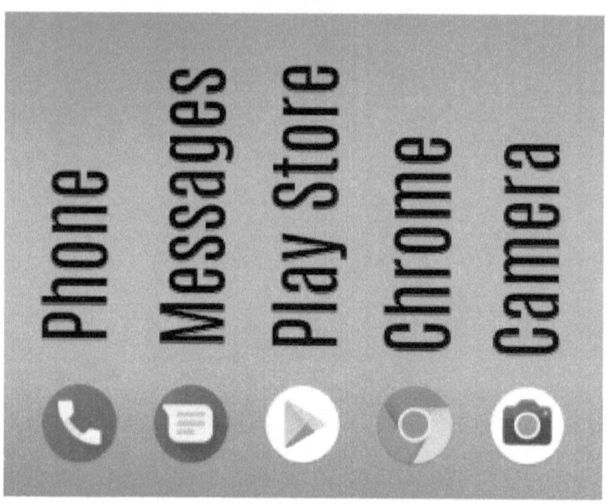

¿Cuáles son? Muy rápidamente, son los siguientes:

- **Teléfono**: ¿Quieres adivinar lo que hace el botón del teléfono? Si has dicho que te trae un helado, quizá no estés hecho para un teléfono. Pero si has dicho algo parecido a "lanza una aplicación para llamar a la gente", entonces no tendrás ningún problema con tu nuevo dispositivo. Sorpresa, sorpresa: este caro aparato que juega, hace fotos y te mantiene al día de las divagaciones políticas en las redes sociales hace otra cosa interesante: ¡llama a la gente!
- **Mensaje**: Mensaje podría ser un poco más abierto que "Teléfono"; eso podría significar mensaje de correo electrónico, mensajes de texto, mensajes que sigues recibiendo en el espejo de tu baño para que bajes el asiento del inodoro. En este caso, significa "mensajes de texto" (pero, en serio, baja la tapa del váter... no le estás haciendo ningún favor a nadie). Esta es la aplicación que utilizarás siempre que quieras enviar mensajes de texto con bonitas fotos de gatos.
- **Play Store**: Todo lo que lleve la palabra "Play" en el título

tiene que ser divertido, ¿no? Esta aplicación es la que utilizarás para descargar todas esas aplicaciones divertidas de las que siempre oyes hablar.

- **Cromo**: Siempre que quieras navegar por Internetutilizarás Chrome. En realidad, hay varias aplicaciones que hacen lo mismo, como Firefox y Opera, pero te recomiendo Chrome hasta que te sientas cómodo con tu teléfono. Personalmente, creo que es la mejor aplicación para buscar en Internet, pero pronto aprenderás que la mayoría de las cosas en el teléfono son cuestión de preferencias, y puede que encuentres otro navegador de Internet que se adapte más a tus necesidades.

- **Cámara**: Esta aplicación abre fotos de cámaras antiguas... ¡es broma! Así es como haces fotos en tu teléfono. También puedes usar esta misma aplicación para vídeos.

Junto a la barra de accesos directos, el área que más utilizarás es la barra de notificaciones. Aquí es donde recibirás, lo has adivinado, ¡notificaciones! ¿Qué es una notificación? Es cualquier tipo de aviso que hayas elegido recibir. Algunos ejemplos: alertas de mensajes de texto, alertas de correo electrónico, alertas ámbar y aplicaciones que tienen actualizaciones.

Cuando arrastres el dedo hacia abajo desde la barra de notificaciones, aparecerá una lista con varias opciones que puedes ajustar. Mantén pulsada cualquiera de estas opciones y abrirás una app con aún más opciones.

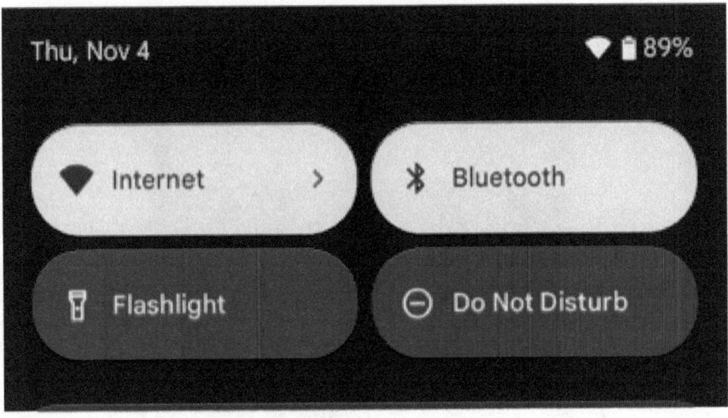

De derecha a izquierda estas son las opciones que puedes cambiar o utilizar:

- Wi-fi
- Bluetooth
- No molestar
- Linterna

Si sigues arrastrando hacia abajo, este fino menú se amplía y hay algunas opciones más.

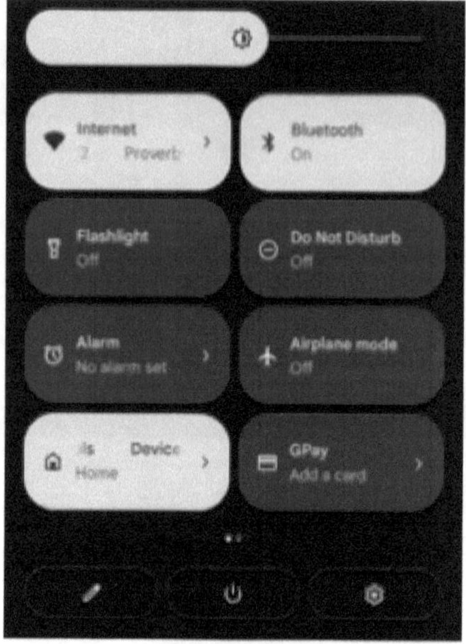

El primero está en la parte superior de la pantalla: es el control deslizante, y hace que tu dispositivo sea más o menos brillante dependiendo de hacia dónde lo arrastres.

Puedes deslizar el dedo para ver más opciones:

- Auto-Rotate - Bloquea (desbloquea) el dispositivo para que no gire
- Ahorro de batería: pone el dispositivo en un modo de bajo consumo para prolongar la duración de la batería, pero sin tanta potencia de procesamiento.
- Screen cast: transmite la pantalla a otro dispositivo, como Google TV.
- Grabación de pantalla - La grabación de pantalla solía ser algo para lo que necesitabas una aplicación especial; Android 11 trajo la grabación nativa. Así que puedes grabar lo que estás haciendo en tu pantalla y compartirlo con otra persona. Es ideal para vídeos tutoriales. También puedes utilizar el

micrófono del teléfono para narrar con tu voz.

- Compartir cerca
- Desactivar cámara / micrófono: desactiva rápidamente la cámara o el micrófono.

Cerca de la parte inferior izquierda, hay un pequeño botón de edición en forma de lápiz. Eso le permite reorganizar qué opciones se muestran dónde.

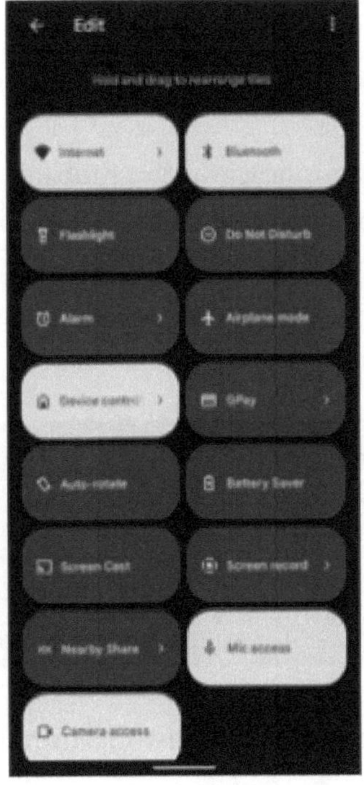

Desplázate un poco más y verás aún más ajustes rápidos que puedes añadir a la barra de notificaciones. Entre ellos:

- **Datos** - Tocando aquí se activan y desactivan los datos, lo que resulta útil si te estás quedando sin datos y no quieres que te cobren más por ellos.

- **Luz nocturna**: se trata de un modo especial que atenúa la pantalla y la hace adecuada para leer en entornos oscuros.
- **Batería compartir** - si lo pulsas, podrás utilizar tu dispositivo como un cargador inalámbrico. ¿Qué significa esto? Digamos que tu amigo tiene un iPhone con carga inalámbrica y se está quedando sin batería. Puedes pulsar este botón, acercar su teléfono al tuyo y compartir tu batería con él de forma inalámbrica.

Otra cosa que está muy bien en esta área de notificación: puedes ver un historial de notificaciones.

Si recibes muchas notificaciones, es probable que hayas descartado accidentalmente algo que no querías. Ahora puedes ver de qué se trataba.

Para utilizarla, ve a la parte inferior de todas tus notificaciones y selecciona "Gestionar".

Desde aquí, activa la opción "Usar historial de notificaciones".

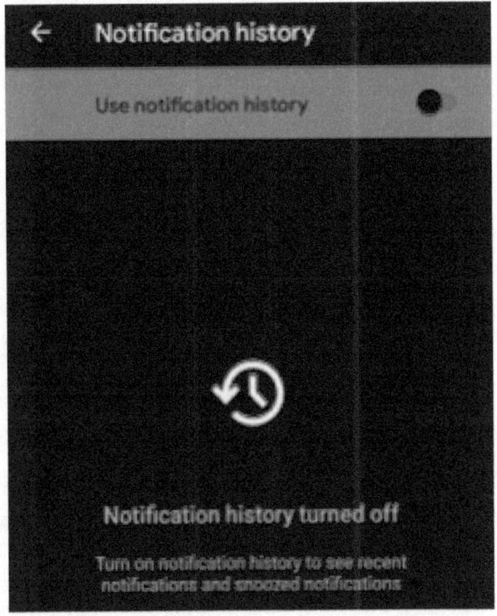

Ahora, cuando vuelves a esa misma zona, "Gestionar" se sustituye por "Historial".

¿Sin hogar?

Es posible que hayas notado que en tu teléfono falta algo que parece importante: un botón de Inicio. En los teléfonos más antiguos, se trataba de un botón esencial que te llevaba a la pantalla de inicio cada vez que lo pulsabas.

¡¿Cómo demonios llegas a casa sin un botón de inicio?! Fácil. ¿Estás preparado? Desliza el dedo hacia arriba. ¡Ya está!

Si has utilizado algún dispositivo de Apple, es posible que sepas un par de cosas sobre Siri. Es la asistente que "a veces" funciona; Google tiene su propia versión de Siri y se llama Asistente de Google. El nombre no es tan creativo como Siri, pero muchos dicen que funciona mejor. Dejaré que seas tú quien lo juzgue.

Para acceder al Asistente de Google desde cualquier lugar, solo tienes que decir "Ok, Google". Si estás en la pantalla de inicio, también hay un widget del Asistente de Google. Esta pequeña barra hace algo más que concertar citas y obtener tu información: también es una búsqueda global. ¿Qué significa esto? Significa que puedes escribir cualquier cosa que quieras saber, y buscará tanto en Internet como en tu teléfono. Si es un contacto de tu teléfono, te lo dará. Pero si se trata del horario de apertura del Museo de la Extrañeza, buscará en Internet y también te dará un mapa de la ubicación y el número de teléfono.

Muévete con tu teléfono Pixel

A la hora de moverte por tu Pixel, aprender a usar los gestos será el método más rápido y efectivo. Puedes cambiar algunas de las opciones de gestos yendo a la app Ajustes y luego a Sistema > Gestos > Navegación del sistema.

El gesto más importante es cómo volver a la pantalla de inicio, después de todo no hay botones. Es el más fácil de recordar: desliza el dedo hacia arriba desde la parte inferior de la pantalla.

Cuando estés en una página puedes deslizar el dedo desde el borde izquierdo o derecho de la pantalla para avanzar o retroceder.

Para seleccionar texto, mantén pulsado sobre el texto y levanta el dedo cuando responda.

Multitarea

Esos son los gestos fáciles de recordar; sin embargo, si quieres moverte rápidamente, necesitas conocer los dos grandes gestos de multitarea, que te ayudan a cambiar de una aplicación a otra.

La primera es ver las aplicaciones abiertas. Para ello, desliza el dedo hacia arriba como si fueras a la pantalla de inicio, pero continúa hasta la mitad de la pantalla y luego detente y levanta el dedo, no hagas un gesto rápido de deslizamiento hacia arriba como lo harías al ir a Inicio. Esto te mostrará vistas previas de todas las aplicaciones abiertas y podrás deslizarte entre ellas. Toca la que quieras abrir.

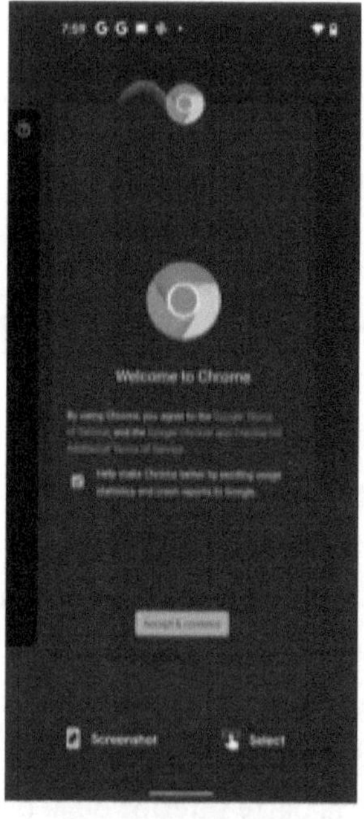

Sin embargo, la forma más rápida de cambiar entre dos o tres aplicaciones es deslizar el dedo de izquierda a derecha por el borde inferior de la pantalla. De este modo, pasarás de una aplicación a otra en el orden en que las hayas utilizado.

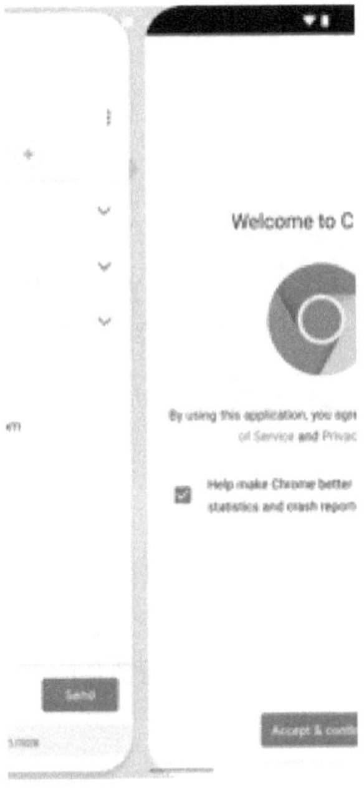

Zoom

¿Necesitas ver el texto más grande? Hay dos formas de hacerlo. Nota: esto funciona en muchas aplicaciones, pero no en todas.

La primera forma es pellizcar para hacer zoom.

r with the Additic
between you an
es. It is importan
Collectively, this l
s".

etween what the
l Terms say, ther
elation to that Se

La segunda forma es pulsar dos veces sobre el texto.

Gire

Probablemente te habrás dado cuenta de que si giras el teléfono, gira la pantalla. ¿Y si no quieres rotar toda la pantalla? Puedes desactivarlo muy fácilmente. Desliza el dedo hacia abajo y toca el botón de las flechas para activarlo o desactivarlo.

[3]

El resumen ridículamente sencillo de todo lo que debe saber

Este capítulo tratará:

- Personalización de pantallas
- Pantallas divididas
- Gestos

Pantallas bonitas

Si has usado un iPhone o un iPad, te habrás dado cuenta de que la pantalla parece un poco... desnuda. No hay literalmente nada en ella. A lo mejor te gusta. Si es así, ¡bien por ti! Adelante. Si quieres decorar esa pantalla con accesos directos y widgets, sigue leyendo. Como Android 12 ha hecho que las cosas sean más tuyas que nunca, ¡prepárate para tener más control que nunca!

Añadir accesos directos

Cualquier aplicación que quieras en esta pantalla, sólo tienes que buscarla y mantenerla pulsada; cuando aparezca un menú, arrástrala hacia arriba hasta que aparezca la pantalla y muévela a donde quieras. También puedes arrastrarla a nuevas pantallas.

Para eliminar una aplicación de una pantalla, mantenla pulsada y arrástrala hacia arriba hasta el texto "Eliminar" que aparece al desplazarla hacia arriba. Cuando esté ahí, suéltala.

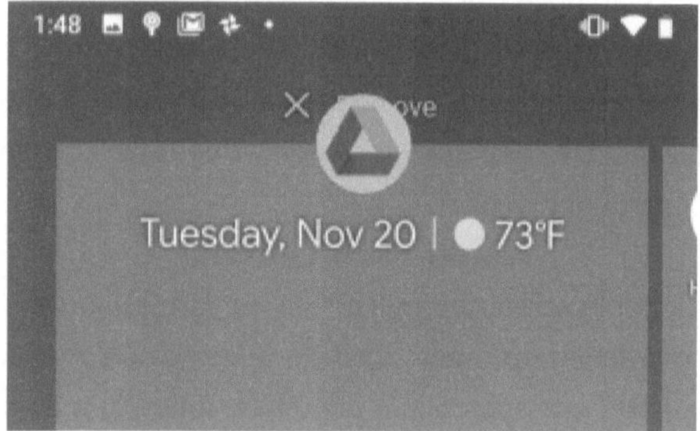

Widgets

Accesos directos están bien, pero los widgets son mejores. Widgets son una especie de miniprogramas que se ejecutan en tu pantalla. Un widget común que la gente pone en su pantalla es el pronóstico del tiempo. A lo largo del día, el widget se actualiza automáticamente con información actualizada.

Para añadir un widget, ve a la pantalla en la que quieras añadirlo y mantén pulsado hasta que aparezca el menú.

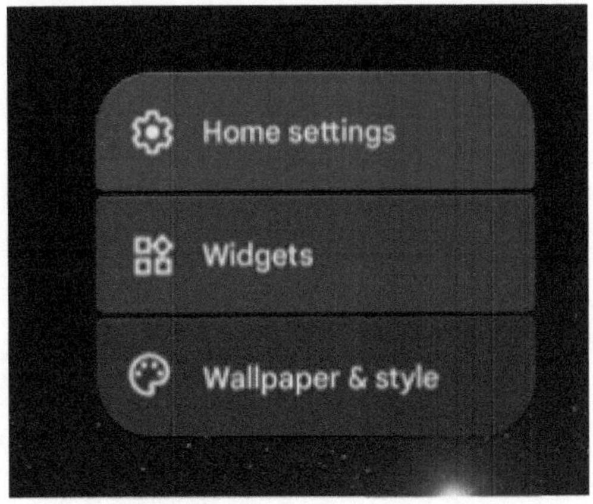

Seleccione "Widgets." Se abrirá una biblioteca de widgets, como una minitienda de aplicaciones.

Cuando encuentres uno que quieras añadir, mantenlo pulsado y arrástralo a la pantalla en la que quieras añadirlo.

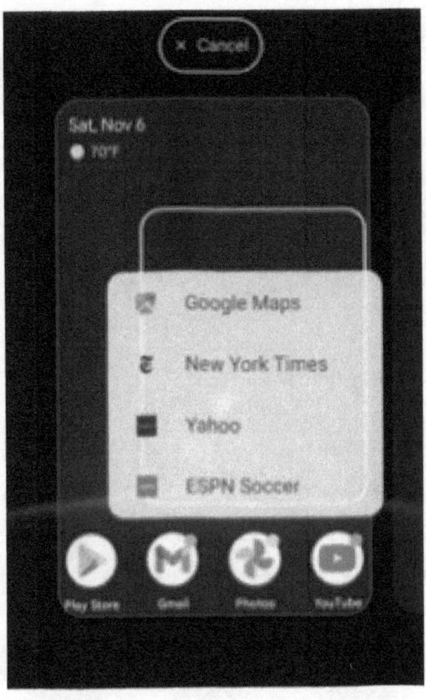

Widgets vienen en todo tipo de formas y tamaños, pero la mayoría de ellos se pueden cambiar de tamaño. Para cambiar su tamaño, mantenlo pulsado. Si ves pequeños círculos, puedes tocarlos y arrastrarlos hacia dentro o hacia fuera para hacerlos más grandes o más pequeños.

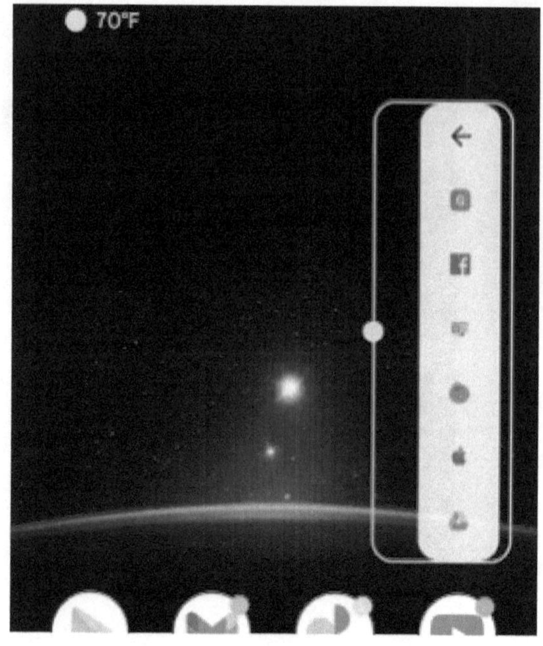

Los widgets se eliminan del mismo modo que los accesos directos. Mantenga pulsado y, a continuación, arrástrelo hacia arriba para eliminarlo.

Papel pintado

Añadir papel tapiz a tu pantalla se hace de forma similar. Mantenga pulsado el dedo en la pantalla de inicio y, cuando aparezca el menú, seleccione "Fondo de pantalla" en lugar de "Widgets." Algunas de las opciones incluso se mueven, así que el fondo de pantalla siempre tiene algo moviéndose por tu pantalla: es como una película en movimiento lento.

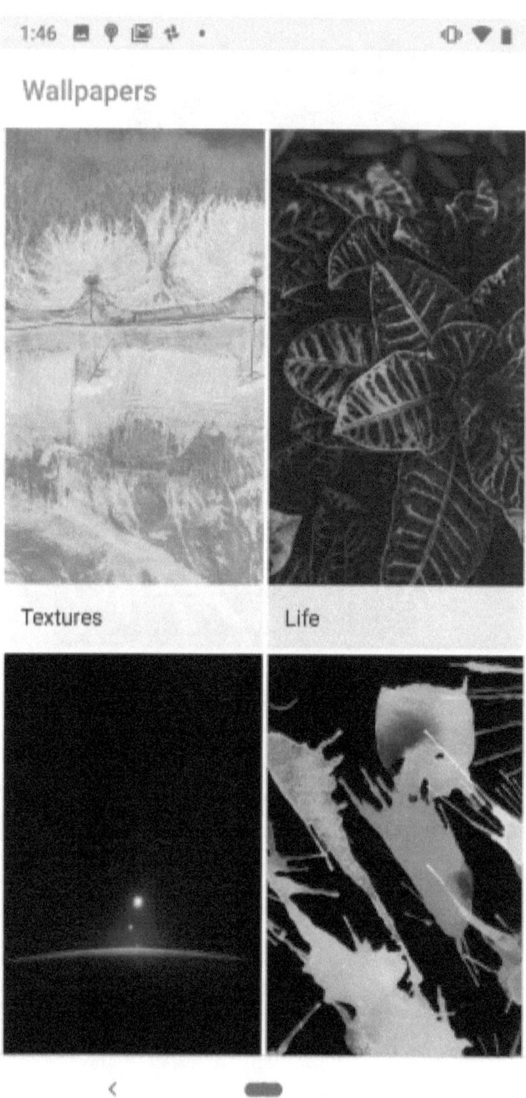

Cuando tengas abierto un fondo de pantalla que quieras añadir, sólo tienes que pulsar el botón "Establecer fondo de pantalla"en la esquina superior derecha.

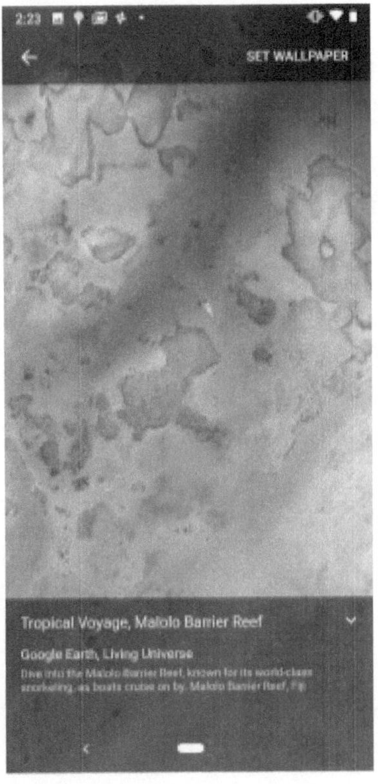

También puedes cambiar el estilo de tu teléfono, por ejemplo los colores.

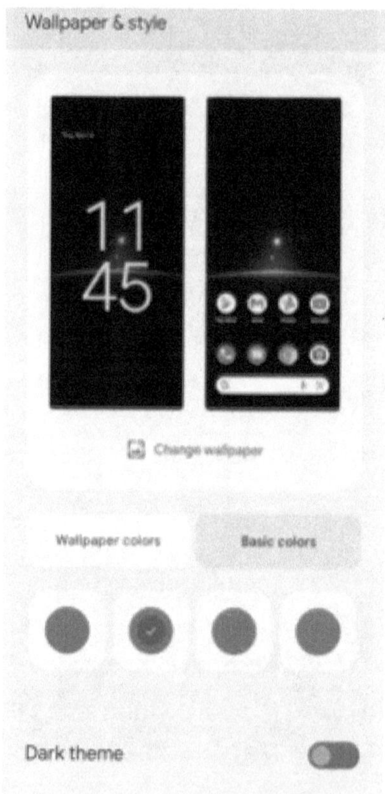

Unas palabras sobre los menús

Es bastante intuitivo que si tocas un icono, se abre la aplicación. Lo que no es tan obvio es que si mantienes pulsado hay otras opciones. Cada aplicación es diferente. Por lo general, son accesos directos: si mantienes pulsado sobre el icono de Teléfono, por ejemplo, aparecerán tus aplicaciones favoritas; si haces lo mismo sobre la cámara, aparecerá un acceso directo al modo selfie. Mantén pulsadas tus aplicaciones favoritas para ver los accesos directos disponibles.

Rejillas para escupir

El teléfono Pixel viene en dos tamaños diferentes; la pantalla más grande, obviamente, te da mucho más espacio, lo que hace que las aplicaciones de pantalla dividida sean una característica bastante útil. También funciona en el Pixel más pequeño, aunque no parece tan eficaz en la pantalla más pequeña.

Para utilizar esta función, desliza el dedo hacia arriba para abrir la multitarea; a continuación, toca el icono situado sobre la ventana que quieras convertir en pantalla dividida (nota: esta función no es compatible con todas las aplicaciones); si la pantalla dividida está disponible, verás un menú con la opción de pantalla dividida.

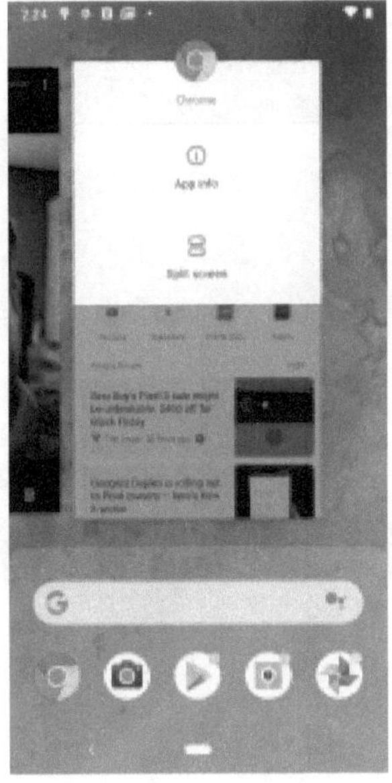

Una vez que toques "pantalla dividida", te permitirá deslizar el dedo a izquierda y derecha para encontrar la aplicación con la que quieres dividir la pantalla. Toca la que quieras.

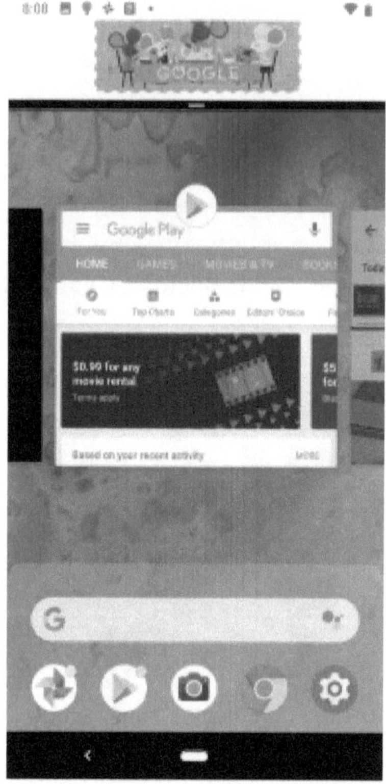

Tu pantalla está ahora dividida en dos.

Esa fina barra negra del centro es ajustable; puedes moverla hacia arriba o hacia abajo para que una de las aplicaciones tenga más espacio en pantalla.

Para salir de este modo, arrastre la barra negra hacia arriba o hacia abajo hasta que una de las aplicaciones desaparezca por completo.

Gestos

Saltar a la cámara

Pulsa dos veces el botón de encendido para saltar rápidamente a la cámara.

Cámara Flip

Para entrar y salir del modo selfie mientras estás en la cámara, gira dos veces el teléfono.

Pulse dos veces

Si tu teléfono está en modo de espera, toca dos veces la pantalla y aparecerán la hora y las notificaciones.

Asistente de Google

El Asistente de Google puede activarse diciendo "Oye, Google". Con gestos, hay una nueva forma: deslizar desde la esquina inferior derecha o izquierda.

[4]

Lo básico... y mantenerlo ridículamente sencillo

Este capítulo tratará:

- Hacer llamadas
- Envío de mensajes
- Buscar y descargar aplicaciones
- Cómo llegar en coche

Ahora que ya tienes el teléfono configurado y conoces el dispositivo en su nivel más básico, vamos a repasar las aplicaciones que más vas a utilizar y que actualmente están en tu barra de accesos directos o favoritos:

- Teléfono
- Mensajes
- Google Play Store
- Cromo

¿Ha notado que la cámara está fuera de esta lista? Hay mucho que cubrir con la Cámara, así que la trataré en un capítulo aparte.

Antes de entrar en materia, hay algo que debes saber: cómo abrir aplicaciones que no están en tu barra favorita. Es muy fácil. Desde tu pantalla de inicio, desliza el dedo hacia arriba desde la parte inferior. ¿Te fijas en el menú que aparece? Ahí es donde están todas las aplicaciones adicionales.

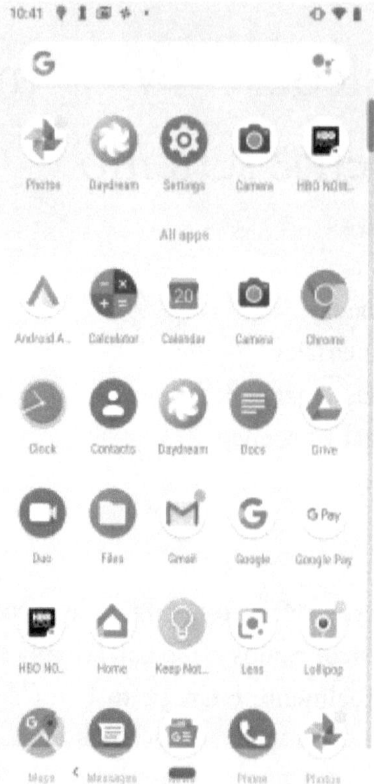

Hacer llamadas

Entonces... ¿a quién vas a llamar? ¡¿A los Cazafantasmas?!

Serías la persona más increíble del mundo si Los Cazafantasmas estuvieran en los contactos de tu teléfono. Pero antes de que puedas encontrar ese número en tus contactos, probablemente te ayude saber cómo añadir un contacto, encontrar un contacto, editar un contacto y poner contactos en grupos, ¿verdad? Así que, antes de empezar a hacer llamadas, vamos a ir poco a poco y hablaremos de los contactos.

Contactos

Abramos la aplicación Contactos para empezar. ¿La ves? No está en tu barra de favoritos, ¿verdad? ¡¿Entonces dónde está?! Por eso te enseñé antes cómo acceder a otras aplicaciones. Desliza el dedo hacia arriba desde la parte inferior de la pantalla hasta que aparezca el menú completo.

Está en orden alfabético, así que la aplicación Contactos está en la C. Se ve así:

Lo más probable es que si has añadido tu cuenta de correo electrónico, ya tengas un montón de contactos en la lista. Cientos.

Puedes desplazarte lentamente o dirigirte a la parte derecha de la aplicación y desplazarte; esto te permite desplazarte rápidamente por letras. Solo tienes que deslizar el dedo hasta que veas la letra del contacto que quieres y detenerte.

Sin embargo, ¡me estoy adelantando! Antes de que puedas desplazarte, sería bueno saber cómo añadir un contacto para que haya gente a la que desplazarse. Para añadir un contacto, pulsa en el signo más azul.

Añadir una persona se parece más a solicitar un trabajo que a añadir un contacto. Hay filas y filas de campos.

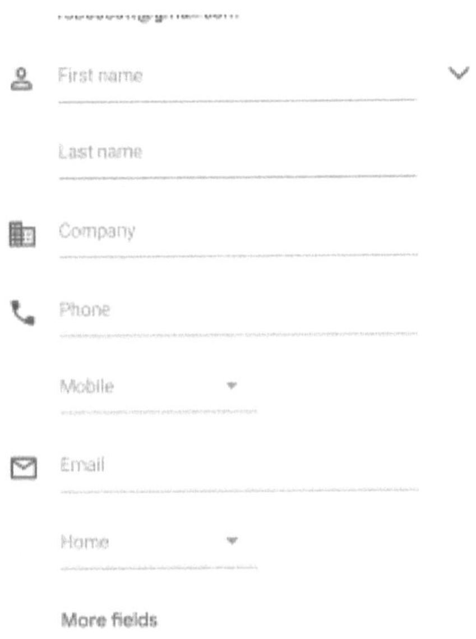

First name

Last name

Company

Phone

Mobile

Email

Home

More fields

Por si no estabas abrumado por todos los campos, puedes tocar más campos y obtener aún más.

¿No es suficiente? Google te ofrece la posibilidad de añadir un campo personalizado.

Esto es lo más importante que debes saber: ¡los campos son opcionales! Puedes añadir un nombre y un correo electrónico y ya está. Ni siquiera tienes que añadir su número de teléfono. Sin embargo, si quieres llamarles, te será de gran ayuda.

Si te cuesta recordar quiénes son las personas, también puedes hacer una foto o añadir una foto que ya tengas. Es muy útil si tienes ocho hijos y no recuerdas si Joey es el rubio o el pelirrojo.

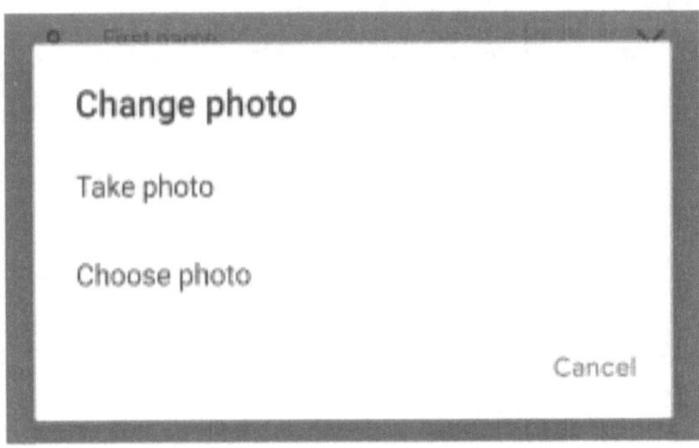

Una vez que haya terminado, pulse la casilla de verificación. Se guardará. Si decides que no quieres añadir un contacto después de todo, pulsa la X. Se cerrará sin guardar.

Editar un contacto

Si añades un correo electrónico y más tarde decides que deberías añadir un número de teléfono, o si quieres editar cualquier otra cosa, sólo tienes que buscar el nombre en tus contactos y pulsarlo una vez. Aparecerá toda la información que ya has añadido.

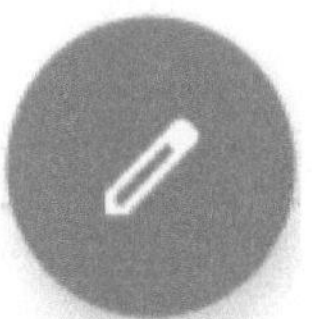

Vaya a la esquina inferior y pulse sobre el botón del lápiz. Esto hace que el contacto sea editable. Vaya al campo que desee y actualícelo. Cuando haya terminado, pulse la casilla de verificación en la esquina superior derecha.

Compartir un contacto

Si tienes el teléfono el tiempo suficiente, alguien te preguntará por el número de teléfono de fulanito o menganito. Lo antiguo era escribirlo. Pero tú tienes un smartphone, ¡así que no estás anticuado!

La nueva forma de compartir un número es buscar a la persona en tus contactos, tocar su nombre y, a continuación, los tres puntos de la esquina superior derecha de la pantalla. Aparecerá un menú.

Delete

Share

Add to Home screen

Set ringtone

Route to voicemail

Help & feedback

Aquí hay varias opciones, pero la que te interesa es "Compartir"; desde aquí tienes varias opciones, pero la más sencilla es enviar un mensaje de texto o un correo electrónico con el contacto a tu amigo. Esto les envía una tarjeta de contacto. Así, si tienes otra información con ese contacto (como el correo electrónico), también se le enviará.

Borrar contacto

Hay algunas opciones más en ese menú que acabo de mostrar. Si decides que una persona está muerta para ti y no quieres volver a contactar con ella, entonces puedes volver a ese menú y tocar "Borrar". Esto los borra de tu teléfono, pero no de tu vida.

Organízate

Cuando empieces a tener muchos contactos, encontrar a alguien te llevará más tiempo. Las etiquetas ayudan. Puedes añadir una etiqueta para "Familia", por ejemplo, y pegar ahí a todos los miembros de tu familia.

Cuando abras tus contactos y toques esas tres líneas de la esquina superior izquierda, verás un menú. Aquí es donde verás tus etiquetas. Con las etiquetas, puedes ir directamente a la lista y encontrar el contacto que necesitas.

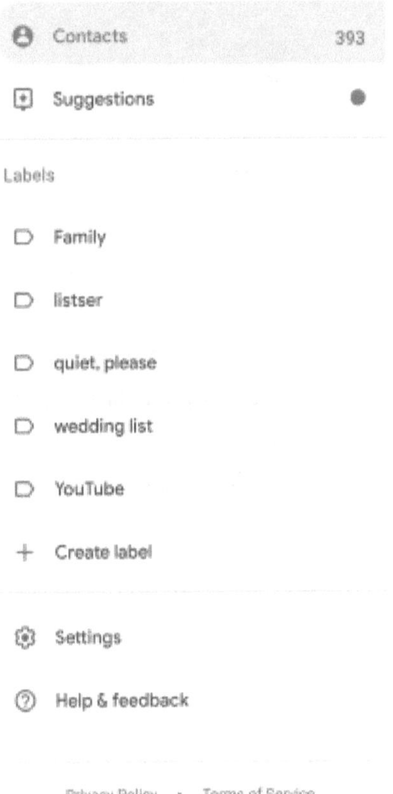

También puedes enviar a todo el grupo dentro de la etiqueta un correo electrónico o un mensaje de texto. Así, por ejemplo, si tu hijo cumple 2 años y quieres recordar a todos los de tu contacto "Familia" que no vengan, sólo tienes que pulsar sobre esa etiqueta y, a continuación, sobre los tres puntos de la esquina superior derecha. Aparecerá un menú de opciones.

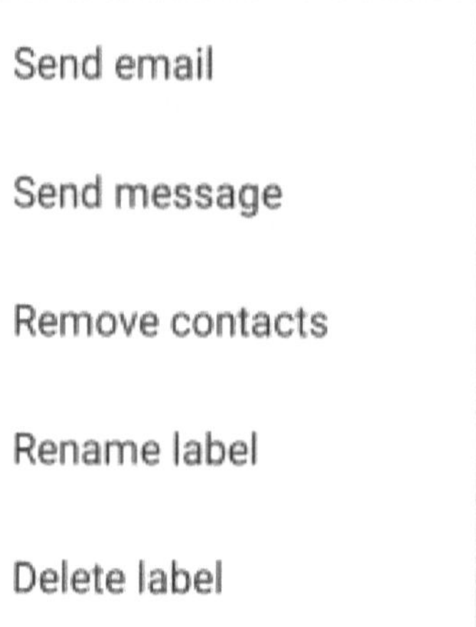

Desde aquí, sólo tienes que pulsar enviar correo electrónico o enviar mensaje.

Pero, ¿y si no tienes etiquetas? ¿O si quieres añadir personas a una etiqueta? Muy fácil. ¿Recuerdas aquella larga aplicación que utilizabas para añadir un contacto? Uno de los campos se llamaba "Etiquetas". Tienes que tocar más para verlo. Está hasta abajo del todo. Uno de los últimos campos, de hecho.

Si nunca has añadido una etiqueta o quieres añadir una nueva, empieza a escribir. Si ya tienes otra que te gustaría utilizar, toca la flecha y selecciónala.

Cuando hayas terminado, no olvides tocar "Guardar".

Eliminar etiqueta

Si decides que ya no quieres tener una etiqueta, entonces sólo tienes que ir al menú que te mostré arriba-menú lateral, luego los tres puntos. Desde aquí, pulse el "Eliminar etiqueta".

Si sólo hay una persona a la que quieres eliminar de la etiqueta, púlsala, ve a la etiqueta y elimínala.

Hacer llamadas

Con esto hemos concluido nuestra incursión en la aplicación Contactos. Ahora podemos volver a hacer llamadas telefónicas a los Cazafantasmas.

Puedes realizar una llamada abriendo la aplicación Contactos, seleccionando el contacto y pulsando sobre su número de teléfono. También puedes pulsar el botón Teléfono en la pantalla de inicio o en la barra de favoritos.

Hay varias opciones cuando abres esta aplicación. Hablemos de cada una de ellas.

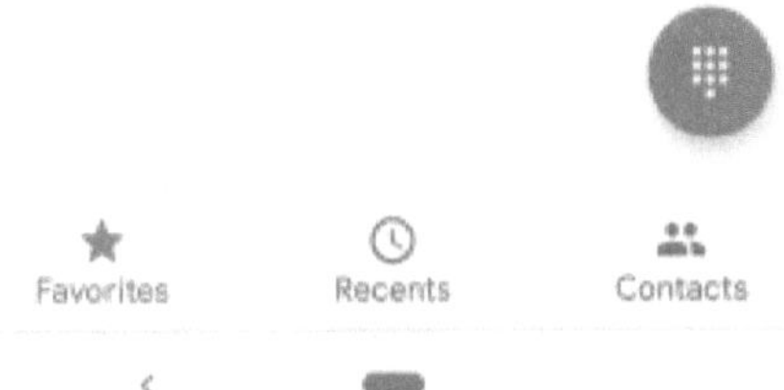

Empezando por el extremo izquierdo está la pestaña Favoritos. Si la pulsas, verás tus contactos favoritos. Si no has añadido ninguno, estará vacía. Si quieres convertir a alguien en tu favorito, tócalo en tus contactos y toca la estrella que aparece en la parte superior junto a su nombre. Una vez hecho esto, empezarán a aparecer aquí automáticamente.

En el centro está la pestaña "Recientes". Si has hecho alguna llamada, aparecerá aquí.

La última opción es Contactos, que abre una versión de la aplicación Contactos que está dentro de la aplicación Teléfono.

También a la derecha está el botón de marcación.

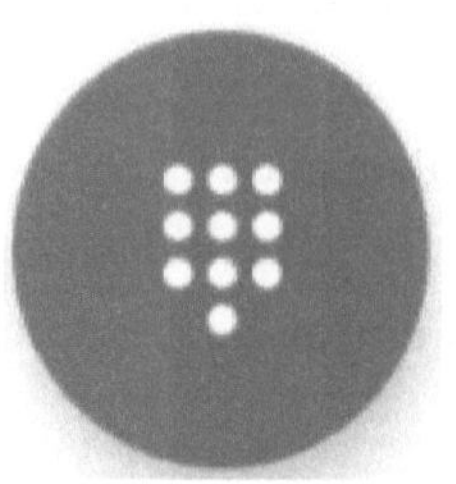

Si quieres llamar a alguien a la antigua usanza, pulsando los números, pulsa aquí.

Cuando termines la llamada, pulsa el botón "Finalizar" del teléfono.

Responder y rechazar llamadas

¿Qué haces cuando te llaman? Probablemente ignorarlo porque es un teleoperador.

Sin embargo, es fácil aceptar una llamada. Cuando suene el teléfono, aparecerá el número y, si la persona está en tus contactos, también su nombre. Para contestar, sólo tienes que deslizar el "responder". Para rechazar sólo tienes que arrastrar el "rechazar".

Juega a Angry Birds mientras hablas con Angry Mom

¿Qué pasa si estás hablando por teléfono con tu madre y se está quejando de algo, pero no quieres ser maleducado y colgar? Muy fácil. Puedes hacer varias cosas a la vez. Esto significa que puedes jugar a Angry Birds mientras hablas.

Para realizar varias tareas a la vez, sólo tienes que deslizar el dedo hacia arriba desde la parte inferior del teléfono y abrir la aplicación en la que quieres trabajar mientras hablas. La llamada aparecerá en el área de notificación. Tócala para volver a la llamada.

Dirigir mi llamada

Direct My Call surgió en 2021 como una forma de ayudarte a navegar rápidamente por los menús automatizados. La IA en el Pixel 7 es capaz de detectar los menús y poner un menú de llamada en tu pantalla, lo que hace que sea más fácil llegar a donde quieres ir antes de que la voz en la línea lo diga. Es una característica que mejorará con el tiempo, por lo que puede que no funcione como se espera al principio.

Para usarla, abre la app Teléfono, luego toca el icono de menú de tres puntos en la esquina superior y selecciona "Ajustes". Ve a "Dirigir mi llamada" y actívalo.

Hold For Me

Google Assistant se ha convertido, literalmente, en tu asistente. Esto es especialmente cierto en las llamadas telefónicas. ¿Alguna vez has estado en espera demasiado tiempo? El Asistente de Google conoce tu dolor y está dispuesto a esperar por ti. Te avisará cuando detecte que un humano ha descolgado. Para usarlo, abre la aplicación Teléfono, toca el menú de tres puntos en la esquina superior derecha y selecciona "Ajustes". Por último, toca "Aguantar por mí".

No sea spam

A nadie le gusta esa llamada preguntando si quieres comprar algo. Google puede ayudarte a filtrar tus llamadas y deshacerte del spam. Para activarlo, ve a la aplicación Teléfono, luego toca esos tres puntos en la esquina superior derecha y toca Configuración. Ve a "Pantalla de spam y llamadas". Toca el conmutador junto a "Ver identificador de llamadas y spam".

Mensajes

Ahora que ya sabes cómo funcionan Contactos y Teléfono, la mensajería será como una segunda naturaleza. Comparten muchas de las mismas propiedades.

Abramos la aplicación Mensajes (está en la barra de favoritos).

Crear / Enviar un mensaje

Cuando haya seleccionado los contactos a los que desea enviar un mensaje, pulse Redactar. También puede escribir manualmente el número en el campo de texto.

Puedes añadir más de un contacto, lo que se conoce como texto de grupo.

Utiliza el campo de texto para escribir tu mensaje. Si quieres añadir algo extravagante a tu mensaje (como fotos o gifs), toca el signo más. Aparecerá un menú con más opciones.

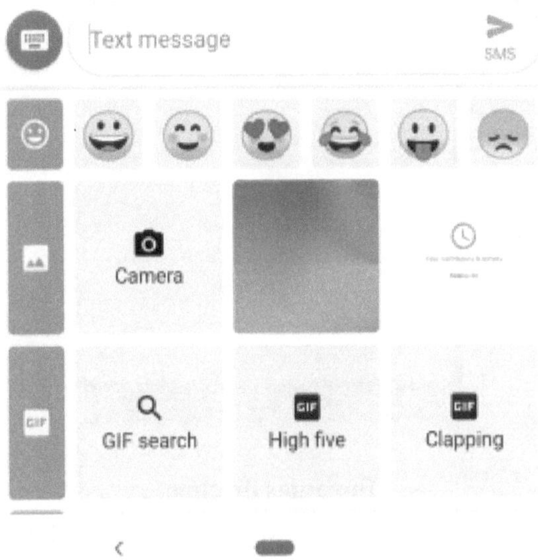

Cuando estés listo para enviar tu mensaje, toca la flecha con el SMS debajo.

Ver mensaje

Cuando recibas un mensaje, tu teléfono vibrará, chirriará o no hará nada; todo depende de cómo lo hayas configurado. Para ver el mensaje, puedes abrir la aplicación o deslizar el dedo hacia abajo para ver las notificaciones.

Conversaciones

Google ha dado grandes pasos en Android 11 para que responder a los mensajes sea más ágil y sencillo.

Un lugar donde puedes ver esto es en Conversaciones. Cuando recibas un mensaje (de texto, de Facebook, de Twitter, etc.), lo verás en el área de notificaciones deslizando el dedo hacia abajo desde la parte superior.

El método antiguo consistía en hacer clic en el mensaje para responder. Ahora puedes ver el mensaje, establecer el nivel de prioridad y responder directamente desde esta área.

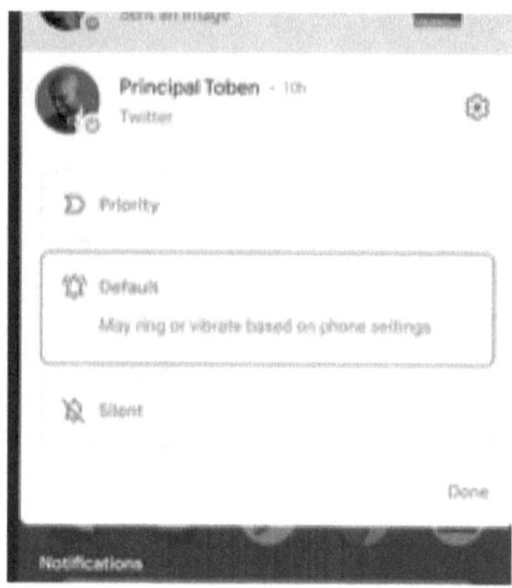

Burbujas de chat

Otra área en la que verás que Android 11 agiliza el acercamiento a los mensajes es con Chat Bubbles. Las burbujas de chat aparecerán en el lateral de la aplicación en la que estés trabajando, para que puedas responder sin tener que cerrar la aplicación. Como su nombre indica, serán pequeñas burbujas en el lateral de la pantalla.

Si no te entusiasma esta función, puedes desactivarla accediendo a la aplicación Ajustes y, a continuación, Aplicaciones y notificaciones> Notificaciones > Burbujas.

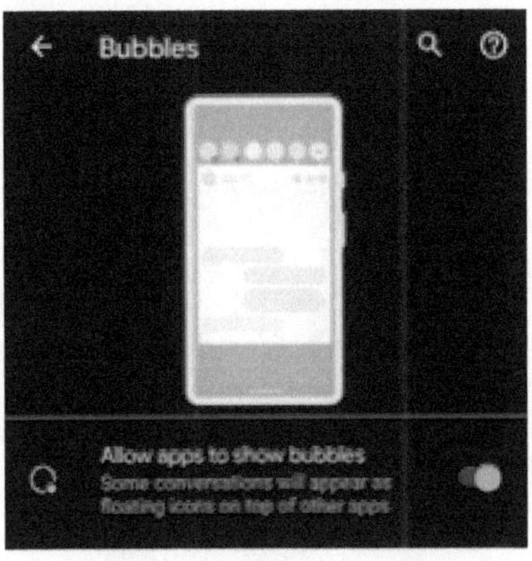

Respuesta inteligente

Si eres usuario de Gmail, probablemente hayas empezado a ver Smart Replies en tu correo electrónico. Respuesta inteligente utiliza un motor informático para reconocer lo que vas a escribir a continuación y hacerte una sugerencia.

Respuesta inteligente funciona tan sorprendentemente bien que puede asustarte un poco, como si hubiera una persona al otro lado de la pantalla leyendo tus mensajes. Pero no es así. Todo es inteligencia artificial. Pero si la función te sigue pareciendo espeluznante o molesta, puedes ir a la aplicación Ajustes y buscar Respuesta inteligente. En Sugerencias en el chat, verás una opción de activación/desactivación de la función.

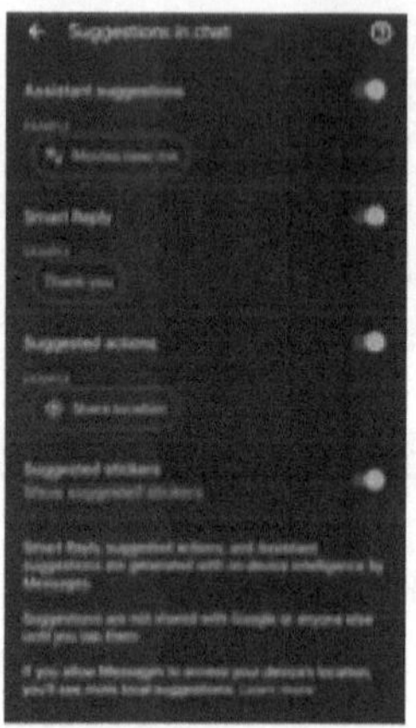

¿Dónde hay una aplicación para eso?

Antes mencioné que podías jugar a Angry Birds mientras hablabas con tu madre enfadada por teléfono. ¿Te parece divertido? Pero, ¿dónde está Angry Birds en tu teléfono? Pues no. Tienes que descargarlo.

Añadir y eliminar apps en el Pixel es fácil. Ve a tu barra de favoritos en la parte inferior de la pantalla de inicio y toca la aplicación Google Play.

Esto abre Play Store.

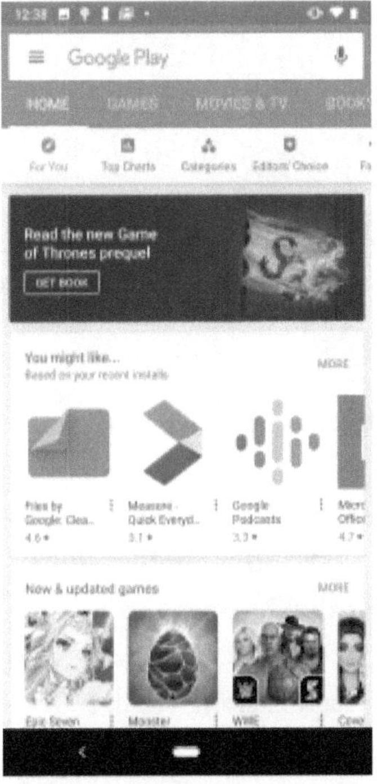

Desde aquí puedes navegar por las mejores aplicaciones, ver las elegidas por los editores, buscar por categorías o, si tienes una aplicación en mente, buscarla. Play Store no es sólo para aplicaciones. Puedes usar las pestañas de la parte superior para ir a películas, libros y música. Cualquier tipo de contenido descargable ofrecido por Google puede encontrarse aquí.

Cuando veas la aplicación que quieres, pulsa sobre ella. Podrás leer opiniones, ver capturas de pantalla e instalarla en tu teléfono. Para instalarla, pulsa el botón de instalación; si es de pago, se te pedirá que la compres. Si no tiene precio, es gratuita (u ofrece pagos dentro de la aplicación, lo que significa que la aplicación es gratuita, pero tiene funciones premium por las que hay que pagar).

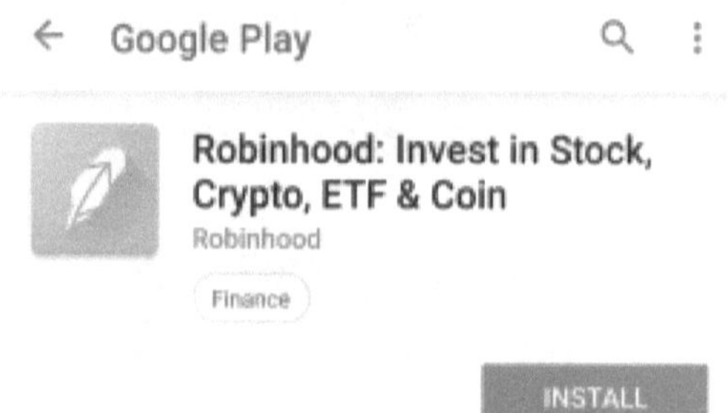

La aplicación se almacena ahora en la sección de aplicaciones de tu dispositivo (¿recuerdas la sección a la que llegas cuando deslizas el dedo hacia arriba desde la parte inferior a la superior?)

Eliminar aplicación

Si decides que ya no quieres una aplicación, ve a la aplicación en el menú de aplicaciones y mantenla pulsada. Aparecerá un cuadro que dice "Información de la aplicación". Tócalo.

Desde este menú, obtendrás toda la información sobre la aplicación; una de las opciones es eliminarla. Púlsala y ya está.

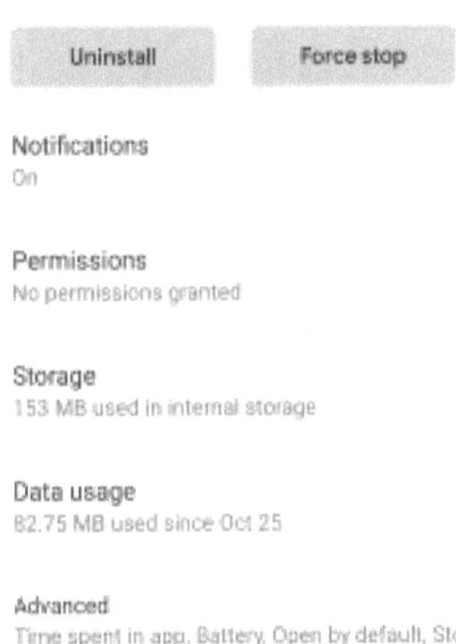

Si descarga la aplicación desde Play Storesiempre puedes eliminarla. Algunas aplicaciones preinstaladas en el teléfono no se pueden eliminar.

Cómo llegar en coche

Es posible que alguna vez hayas tenido un GPS. Era un elegante aparato de plástico que te daba indicaciones para llegar a cualquier lugar de Norteamérica. Ya puedes deshacerte de ese aparato porque tu teléfono es tu nuevo GPS.

Para obtener indicaciones, desliza el dedo hacia arriba para abrir tus aplicaciones. Pulsa la aplicación Mapas.

Se establecerá automáticamente en el lugar en el que te encuentres, lo que es a la vez escalofriante y útil.

Para empezar, sólo tienes que escribir adónde quieres ir. Busco un parque de atracciones en Anaheim.

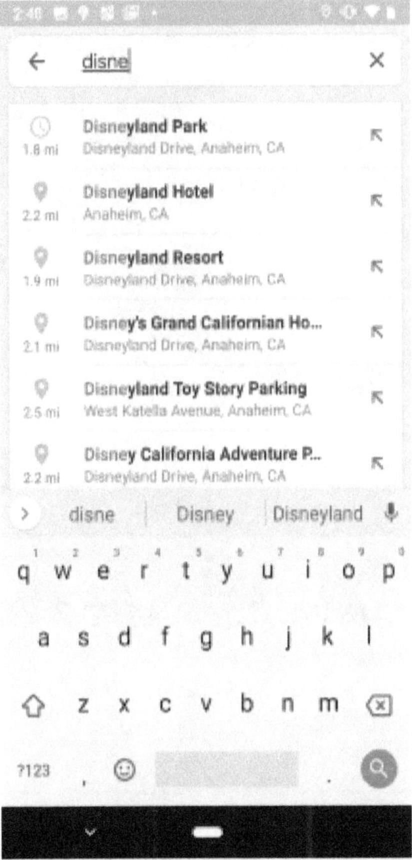

Automáticamente empieza a rellenar lo que cree que vas a escribir y te indica la distancia. Cuando veas la que quieres, tócala.

Señala la ubicación en el mapa y también te da la opción de llamar, compartir u obtener indicaciones para llegar al lugar. Si quieres alejar o acercar la imagen, solo tienes que usar dos dedos y pellizcar hacia dentro o hacia fuera en la pantalla.

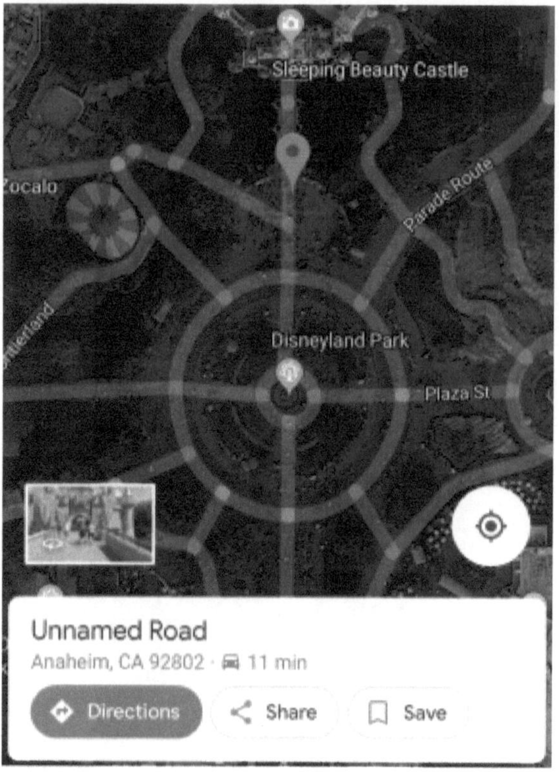

Obtiene automáticamente las indicaciones desde donde te encuentras. ¿Lo quieres desde otro lugar? Sólo tienes que pulsar en el campo "Tu ubicación" y escribir adónde quieres ir. También puedes invertir las indicaciones tocando las flechas dobles. Cuando estés listo, toca "Inicio".

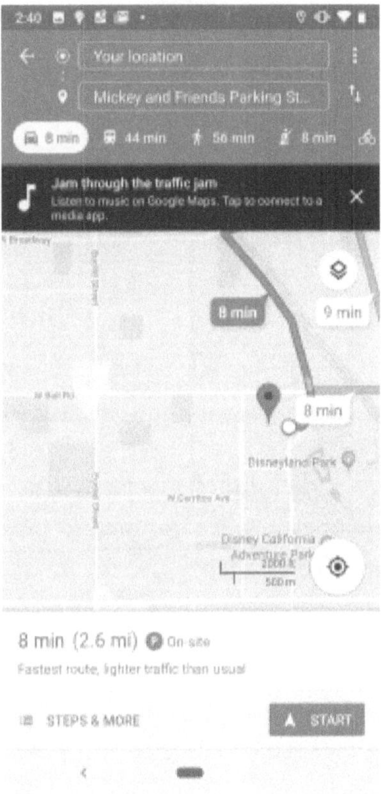

¿Y si no quieres conducir? ¿Y si quieres ir andando? ¿O ir en bici? ¿O coger un taxi? Hay opciones para todo eso y mucho más. Toca el control deslizante situado bajo la barra de direcciones para elegir la que prefieras. Esto actualiza las indicaciones: cuando camines, por ejemplo, te mostrará calles de un solo sentido y también actualizará el tiempo que tardarás.

¿Y si quieres conducir pero eres como yo: te aterran las autopistas en California? Hay una opción para evitar las autopistas. Toca el botón de menú en la esquina superior derecha de la pantalla, selecciona lo que quieres evitar y pulsa "Hecho". Ahora se te redirigirá a una ruta más larga -¿has notado cómo probablemente han cambiado los tiempos?

Options

Avoid highways

Avoid tolls

Avoid ferries

CANCEL   DONE

Una vez obtenidas las indicaciones, puedes deslizar el dedo hacia arriba para obtener indicaciones giro a giro. Incluso puedes ver cómo se ve desde la calle. Se llama Street View.

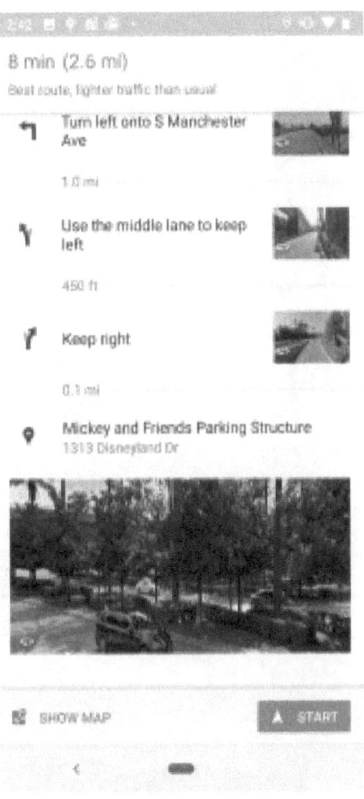

Street View no es sólo para las calles. Google está ampliando la función a todas partes. Si mantienes el dedo sobre el mapa, aparecerá una opción para mostrar Street View si está disponible. Solo tienes que tocar la miniatura. Aquí tienes Street View:

Puedes pasear por todo el parque. Ojalá pudieras montarte también en las atracciones. Puedes acercarte aún más a la acción si coges los auriculares Dreamview. Cuando metes el teléfono ahí, puedes girar la cabeza y la vista gira contigo.

Street View también está disponible en muchos centros comerciales y otras atracciones turísticas. Apunta con tu mapa al Smithsonian de Washington, DC, y obtén una Street View muy chula.

¿Cómo se llama esa canción?

Todos hemos tenido ese momento en el que estamos sentados en una cafetería o en un ascensor y suena "una" canción. La que amamos, odiamos o simplemente queremos saber cómo se llama. Sí, hay una aplicación que nos dice el nombre, pero a veces no podemos sacarla a tiempo o simplemente no queremos otra aplicación más en nuestro teléfono. Ahí es donde Now Playing resulta útil.

Now Playing existe desde el Pixel 2, pero a menudo pasa desapercibida. Detecta la música que suena a tu alrededor y la añade a una lista que puedes consultar más tarde. Lo hace en segundo plano y ni siquiera te enteras de que se está ejecutando a menos que hayas configurado las notificaciones.

Para ver las canciones que se han grabado en tu registro, ve a Ajustes > Sonido > Reproduciendo. Puedes ver tu registro pulsando en el historial, o puedes activar el botón "mostrar canciones en la pantalla de bloqueo".

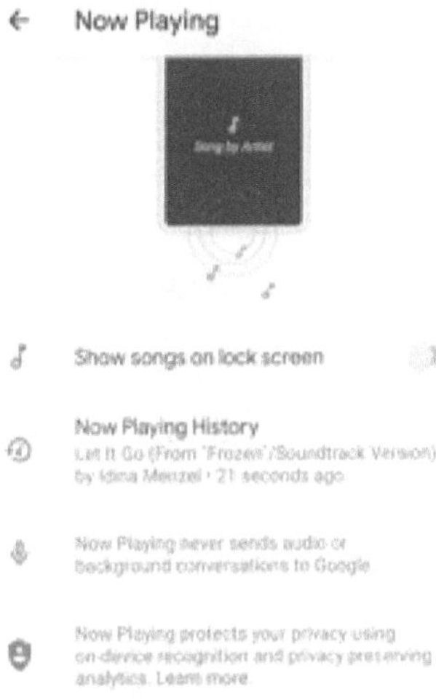

Subtítulos en directoEn

Una de las grandes características de Android 10 es el subtitulado en directo; el subtitulado en directo puede transcribir cualquier vídeo que grabes y mostrar lo que se está diciendo. Funciona sorprendentemente bien y es bastante preciso.

Para activarlo, vaya a Ajustes > Sonido > Subtítulos en directo.

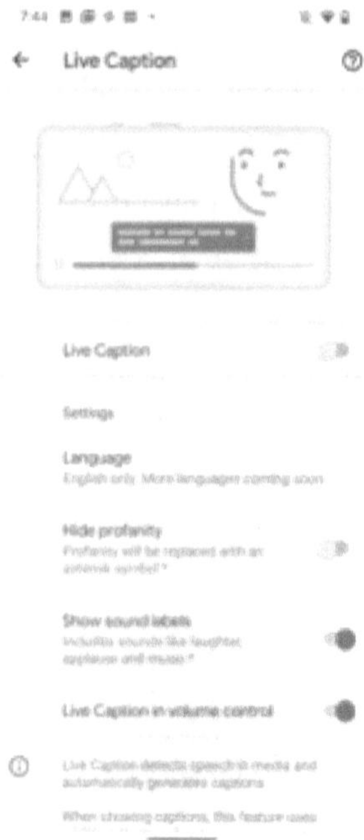

En la configuración, también puedes desactivar las blasfemias y, próximamente, seleccionar otro idioma. Si es algo que sólo usas ocasionalmente, te recomiendo que lo dejes desactivado, pero que lo actives en Subtítulos en directo en el control de volumen. Con esta opción activada, todo lo que tienes que hacer es pulsar el botón de volumen. Una vez que lo hagas, verás la opción para activarlo; es la opción inferior.

Una vez activada, empezarás a ver aparecer una transcripción en cuestión de segundos.

Frecuencia de actualización

El Pixel 5 admite una frecuencia de refresco de hasta 90 Hz. Guau, ¿verdad? En realidad, la mayoría de la gente no tiene ni idea de lo que esto significa. Son fotogramas por segundo (FPS)-o 90 FPS. Entonces, ¿qué significa eso? Si estás jugando o usando algo que tiene acción de movimiento rápido, significa que las cosas parecerán mucho más suaves. Pero también te hará perder mucha batería, así que úsalo con precaución (60 Hz es lo normal).

Para activarlo/desactivarlo hay dos opciones. La primera es ir a Ajustes > Pantalla > Avanzado > Pantalla Suave. Esto va a activar / desactivar automáticamente.

Si quieres forzar su activación, existe una segunda opción. Nota: esta opción es "úsala bajo tu propio riesgo" porque es una opción para desarrolladores. Mi consejo es que no la utilices a menos que sepas lo que estás haciendo. Para ello, ve a Ajustes > Acerca del teléfono; ve a la parte inferior y toca el número de compilación varias veces hasta que estés en modo de desarrollador. Ahora ve a Sistema > Avanzado > Opciones de desarrollador > Forzar frecuencia de refresco 90Hz.

Compartir Wi-Fi

Cada vez que tienes invitados en casa, casi siempre te preguntan: ¿cuál es tu contraseña de wi-fi? Si eres como yo, probablemente te moleste. Tal vez tu contraseña es muy larga, tal vez simplemente no te gusta dar tu contraseña, o tal vez simplemente te da vergüenza decir que es "Feet$FetishLover1". Sea cual sea la razón, entonces te encantará compartir tu wi-fi con códigos QR. Atrás quedaron los días en los que había que dar esta información. Sólo tienes que darles un código que escaneen y tendrán acceso sin saber nunca cuál es tu contraseña.

Para utilizarlo, ve a la configuración de tu wi-fi y, a continuación, selecciona el botón de configuración de la wi-fi que quieras compartir.

Aparecerá tu información wi-fi; toca la opción azul "Compartir" con el código QR.

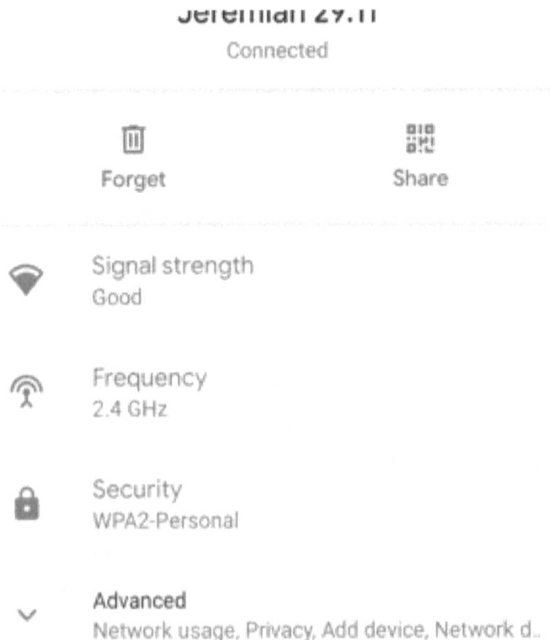

Una vez que verifiques que eres tú, entonces verás el código para escanear y sólo tendrás que enseñárselo a tu amigo.

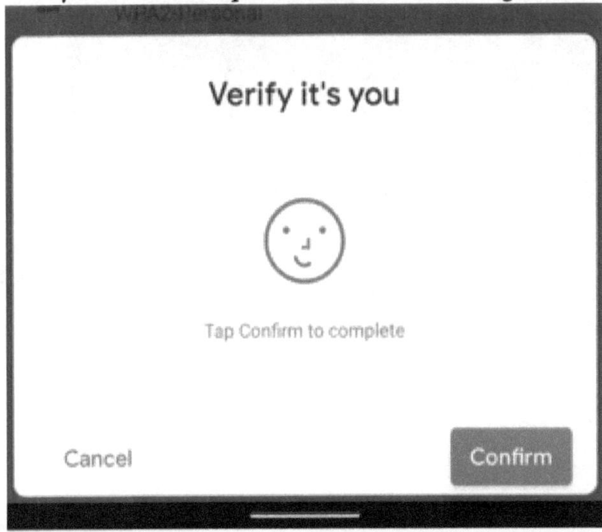

Captura de pantalla

Si alguna vez te has encontrado con un problema en tu teléfono y te han dicho "Haz una captura de pantalla", en Android lo que quieren decir es que mantengas pulsados el botón de encendido y el de bajar volumen al mismo tiempo. Eso hará una captura de pantalla de lo que sea que esté en tu pantalla y lo pondrá en una carpeta en tus fotos. Simplemente haz clic en biblioteca cuando abras tu álbum de fotos y verás una carpeta llamada capturas de pantalla.

Al pulsar encendido + bajar volumen, verás que aparece una vista previa en la esquina inferior izquierda. Desaparecerá en unos segundos, a menos que pulses que quieres editarla.

Si la pantalla lo permite (no todas lo permiten, así que no te frustres si no ves esta opción al principio), puedes capturar más de lo que hay en tu pantalla; se llama captura de pantalla desplazable. Si está disponible, verás un botón que dice Capturar más. Este tipo de captura es ideal para páginas web largas y con mucho texto.

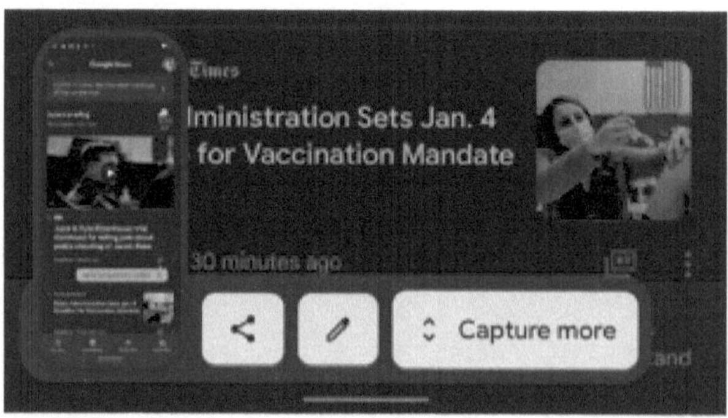

Cuando pulses Capturar más, tendrás la opción de arrastrar sobre el área que quieras capturar más. Puedes hacerlo con toda la página o solo con una parte.

Grabadora de Google

Google Recorder siempre ha sido un sueño para los estudiantes al transcribir automáticamente lo que se está grabando. Mejora con el Pixel 7 (aunque la función no estaba disponible en el momento de escribir este artículo) al permitirte etiquetar quién está hablando; si, por ejemplo, tienes una entrevista con varias personas, detectará quién está diciendo qué.

00:06
Hello. This is a test.
English (US)
Audio   Transcript
00:14.9
Delete   Save

[5]

Vamos a hacer surf

Este capítulo tratará:

- Configurar el correo electrónico
- Creación y envío de correo electrónico
- Gestión de varias cuentas
- Navegar por Internet

Cuando se trata de Internethay dos cosas que querrás hacer:

- Enviar correo electrónico
- Navegar por Internet

Añadir una cuenta Cuenta

Cuando configures tu teléfono, lo harás con tu cuenta de Google, que suele ser tu correo electrónico.

Sin embargo, es posible que desee añadir otra cuenta de correo electrónico o eliminar la que ha configurado.

Para añadir un correo electrónico, desliza el dedo hacia arriba para abrir tus aplicaciones y pulsa en "Ajustes".."

A continuación, pulse sobre "Cuentas".

Desde aquí, selecciona "Añadir cuenta"; también puedes tocar en la cuenta que se ha configurado y tocar en eliminar cuenta, pero recuerda que puedes tener más de una cuenta en tu teléfono.

Una vez que añadas tu correo electrónico, se te preguntará qué tipo de correo electrónico es. Sigue los pasos después de seleccionar el tipo de correo electrónico para añadir tu correo electrónico, contraseña y otros campos obligatorios.

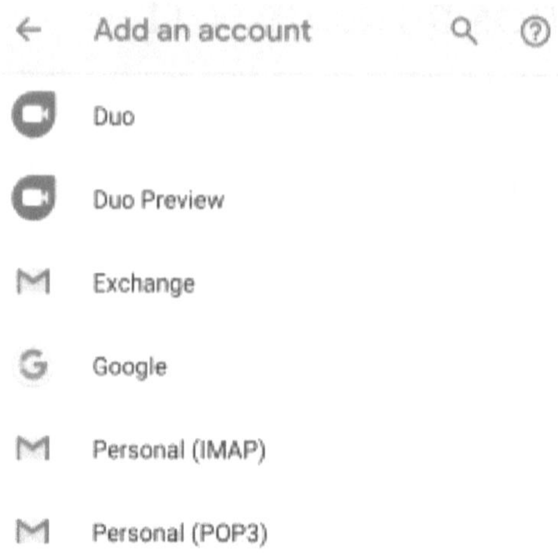

Crear y enviar un correo electrónico

Para enviar un correo electrónico con Gmail (la aplicación de correo electrónico nativa de Pixel), desliza el dedo hacia arriba para acceder a tus aplicaciones, toca "Gmail" y toca "Redactar un nuevo correo electrónico"(el pequeño lápiz rojo redondo en la esquina inferior derecha). Cuando hayas terminado, pulsa el botón Enviar.

También puedes utilizar Google Play Store para encontrar otras aplicaciones de correo electrónico (como Outlook).

Gestionar varias cuentas Correo electrónico

Si tienes más de una cuenta de Gmail, toca las tres líneas de la parte superior izquierda de la pantalla de correo electrónico; aparecerá un menú deslizante. Si tocas la flechita junto a la dirección de correo electrónico, se desplegará y mostrará otras cuentas. Si no aparece ninguna, puedes añadir una.

Navegar por Internet

El navegador web nativo de Google es Chrome. Puede utilizar otros navegadores (que se pueden encontrar en Google Play Store). Este libro sólo cubrirá Chrome, sin embargo.

Para empezar, pulsa el icono del navegador Chrome de tu barra de favoritos, o entrando en todos los programas.

Si has utilizado Chrome en un ordenador de sobremesa o en cualquier otro dispositivo, este capítulo no te resultará muy complicado, ya que, al igual que ocurre con la aplicación de correo electrónico, muchas de las propiedades que aparecen en el ordenador de sobremesa también existen en la versión móvil.

Cuando lo abras, verás que es un navegador bastante básico. Hay tres cosas principales que querrás notar.

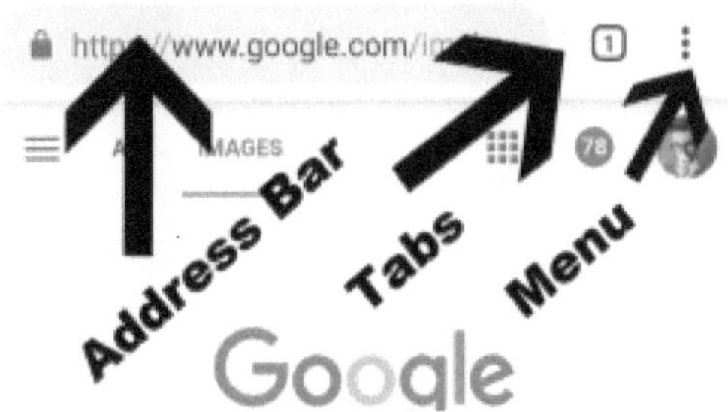

- **Barra de direcciones** - Como puedes suponer, aquí es donde pones la dirección de Internet a la que quieres ir (google.com, por ejemplo). a la que quieres ir (google.com, por ejemplo); lo que debes entender, sin embargo, es que esto no es sólo una barra de direcciones. Es una barra de búsqueda. Puedes usarla para buscar cosas igual que si buscaras algo en Google;

cuando pulsas la tecla Intro, te lleva a la página de resultados de Google.

- **Botón de pestañas** - Como el espacio es limitado, no puedes ver todas las pestañas como en un navegador normal, sino que tienes un botón que te indica cuántas pestañas tienes abiertas. Si lo pulsas, puedes alternar entre las pestañas o deslizar el dedo sobre una de las páginas para cerrarla.

- **Botón Menú** - El último botón abre un menú con una serie de opciones de las que hablaré a continuación.

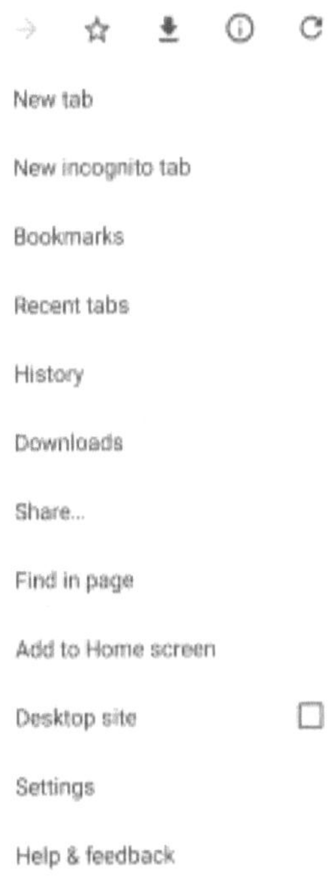

El menú es bastante sencillo, pero hay algunas cosas que merece la pena destacar.

"Nueva pestaña de incógnito" abre tu teléfono en navegación privada; eso no significa que no se rastree tu IP. Significa que tu historial no se registra; también significa que las contraseñas y las cookies no se almacenan.

Un poco más abajo está "Historial"; si quieres borrar tu historial para que no quede constancia en tu teléfono de por dónde has pasado, ve aquí y borra el historial de navegación.

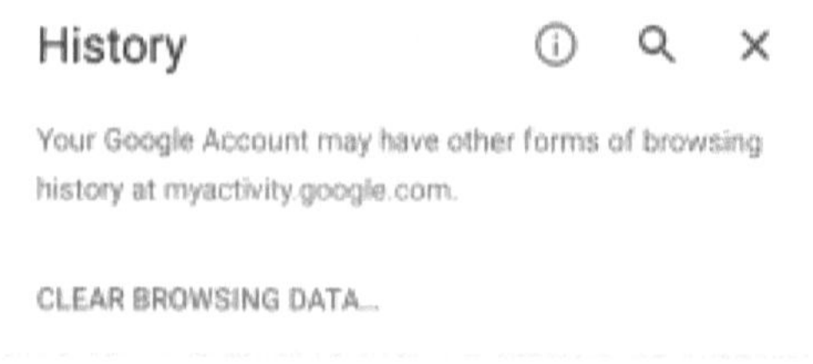

Si quieres borrar algo más que sitios web (contraseñas, por ejemplo), ve a "Configuración"en la parte inferior del menú. Se abrirán más opciones avanzadas.

Settings
Basics
Search engine
Google
Autofill and payments
Passwords
Notifications
Advanced
Privacy
Accessibility
Site settings
Languages
Data Saver
Off
Downloads

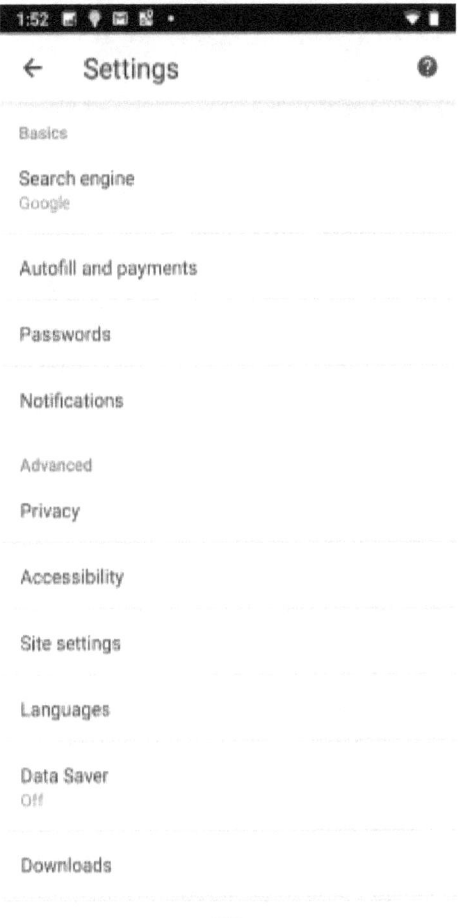

[6]

¡Rápido!

Este capítulo tratará:

- Cómo hacer fotos diferentes
- Cómo grabar vídeos
- Cámara ajustes
- Diferentes funciones de la cámara

La cámara es el pan de cada día del teléfono Pixel. Mucha gente considera que el Pixel es la mejor cámara jamás vista en un teléfono. Dejaré que seas tú quien decida.

Una de las cosas buenas de las fotos en el Pixel es que las almacena online automáticamente, así que no tienes que preocuparte por perderlas. Puedes verlas iniciando sesión en la cuenta de Google asociada a tu Pixel y accediendo aquí:

https://photos.google.com

Y lo mejor de todo: ¡todo esto es gratis! No tienes que pagar extra por más almacenamiento y no va en contra de otras cosas en tu Google Drive.

Para asegurarte de que tienes activada esta función, ve a "Configuración", "Copia de seguridad"y "Sincronizar"; asegúrate de activarla.

Hay algunas advertencias (como que las fotos pueden estar comprimidas), así que lee las condiciones.

Conceptos básicos

¿Estás listo para ponerte en la piel de Ansel Adams? Para empezar, abre la aplicación Cámara Cámara. Puedes hacerlo de varias maneras:

- La más obvia es tocar la Cámara en tu barra de favoritos o deslizando el dedo hacia arriba y abriéndola desde todas las aplicaciones. Parece una cámara: ¡hazte una idea!

- Pulsa dos veces el botón de encendido.

Una vez dentro de la aplicación, no olvides que puedes girar el teléfono para alternar entre el modo selfie.

Cuando abres la aplicación, se inicia en el modo de cámara básico. La interfaz de usuario puede parecer bastante sencilla, pero no te dejes engañar. Hay un montón de controles.

La primera está en la parte superior. Toca la flecha hacia abajo en la parte superior de la pantalla.

Las opciones son bastante sencillas, pero "Top Shot" (que antes se llamaba Motion) puede ser nuevo para ti. Es básicamente como un vídeo muy corto de tu foto. Puedes activarlo para todas las fotos, activarlo automáticamente cuando se detecta movimiento o desactivarlo. Top Shot es más grande, por lo que almacenarla en este modo ocupará un poco más de espacio. Night Sight es ideal para cuando hay poca luz. La pantalla de abajo es la configuración básica de la cámara, pero este menú puede variar ligeramente dependiendo del modo de cámara en el que te encuentres.

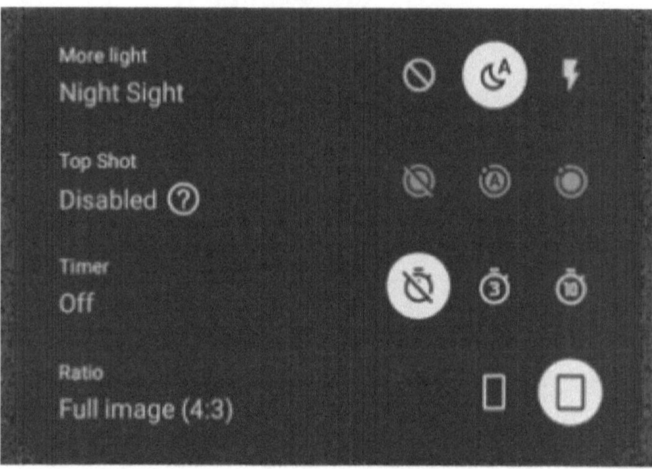

En la parte superior derecha está el icono de la carpeta, que te permite elegir dónde guardar la foto que estás haciendo.

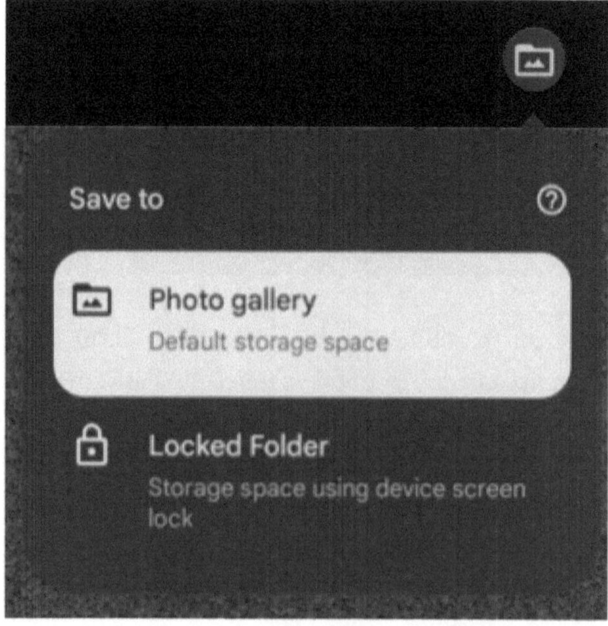

En la parte inferior de la pantalla están todos los modos y el obturador. Empezando por la fila superior de la izquierda tienes el botón selfie, el obturador y la vista previa de la última foto (tocando ahí verás todas las fotos que has hecho empezando por la más reciente). En la parte inferior, tienes los modos de la cámara, que trataré con más detalle más adelante en este capítulo.

Cuando apuntas con la cámara a un producto y mantienes pulsado sobre él, se activará Google Lens, que intentará detectar lo que estás apuntando y te dará más información sobre ello. No siempre es 100% preciso (por ejemplo, yo apunté a la carcasa del Pixel 5 y me mostró información del Pixel 3), pero sigue siendo una buena función.

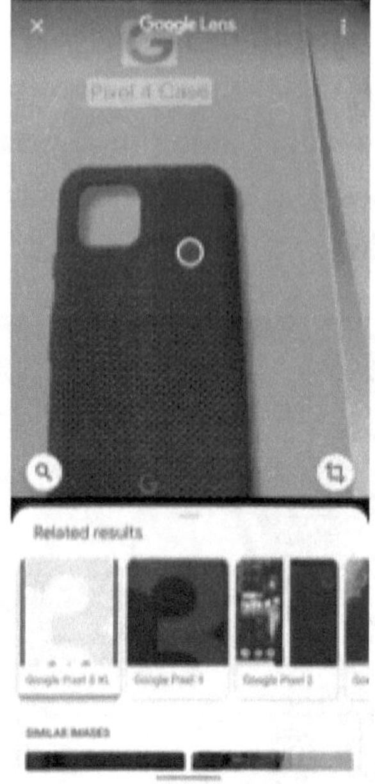

Si tocas una vez, pero no mantienes pulsado, aparecerán las opciones de exposición y zoom (también puedes pellizcar para acercar y alejar). Si tocas la zona de la pantalla que quieres enfocar, también enfocarás esa zona; por ejemplo, si apuntas a un grupo de personas delante de una multitud, puedes tocar el grupo para decirle a la cámara que ese es el foco de la exposición.

Cuando toques en el centro de la pantalla mientras te preparas para hacer una foto, podrás utilizar los controles deslizantes para controlar la cantidad de brillo, contraste o calidez que tiene la foto.

Una última cosa que voy a señalar acerca de tomar fotos. ¿Recuerdas que en la barra superior (cuando deslizas el dedo hacia abajo) hay una opción para desactivar la cámara o el micrófono? Pues los necesitas para hacer fotos y vídeos, ¿no? Si intentas hacerlo cuando están activados, aparecerá el siguiente mensaje. Toca el botón de desbloqueo para activar las funciones.

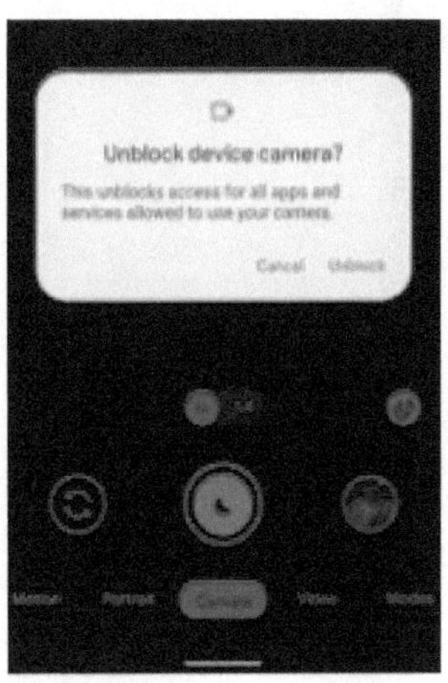

Hola (Foto) Amigo

¿Hay personas a las que haces fotos más que a otras? ¿A un niño? ¿Un compañero? ¿Un amigo? ¿Una mascota? La IA de Google puede priorizar a las personas que más fotografías. Para activarlo ve a la app Cámara, abre los ajustes y activa Rostros frecuentes.

Cámara Modos

Veamos a continuación cada uno de los modos.

Piensa en los modos como si fueran objetivos diferentes. Tienes el objetivo básico de la cámara, pero también puedes tener un objetivo para ojo de pez y para primeros planos. Si miras en la parte inferior de tu app de cámara, puedes deslizar a izquierda y derecha para llegar a los diferentes modos. En 2019, Google añadió el modo Night Sight, que te ayuda a capturar mejores fotos de noche. Funciona como el modo básico de la cámara básica. También se enciende automáticamente cuando detecta que estás disparando de noche.

Junto a Visión nocturna está el modo Retrato. El modo Retrato da a tus fotos un aspecto profesional y nítido. Difumina el fondo para que tus fotos destaquen. Te mostraré un ejemplo con una foto mía, ¡disculpas de antemano por mi aspecto!

Aquí estoy con cero desenfoque:

Y aquí estoy con el máximo desenfoque:

¿Cómo lo haces? Primero, deslízate al modo Retrato. El teléfono intentará averiguar dónde estará el punto focal, pero conseguirás el mejor efecto si tocas en la pantalla donde estará el foco. Si tocas en la cara, por ejemplo, le dirás al teléfono que quieres difuminar todo lo demás. El cambio no será perceptible, puedes editarlo después.

Te mostraré cómo editar ese desenfoque un poco más adelante en esta sección.

Vídeo graba, lo has adivinado, ¡vídeos! Una vez que pulsas grabar, no hay tantos ajustes como en la cámara. A la izquierda hay un botón de pausa, en el centro está el botón de parada y en el extremo derecho está el obturador de la cámara, lo que significa que mientras grabas puedes hacer fotos.

Cuando pulses para enfocar un sujeto, verás que sólo hay un control deslizante para el zoom (abajo) y el brillo (a la derecha); también hay un bloqueo para fijar el enfoque.

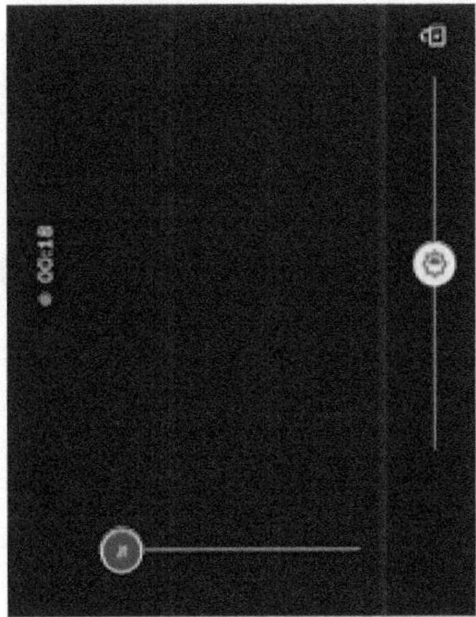

También hay un modo de vídeo cinematográfico que graba vídeos con el efecto desenfocado: sólo la persona principal de la escena está enfocada.

Antes de grabar un vídeo, también hay una opción para alternar entre Cámara lenta, Normal y Lapso de tiempo; si llegas al Pixel 5 desde un modelo anterior, probablemente estarás acostumbrado a usar estos modos en otro lugar; antes se encontraban en "Más." Google decidió eliminar ese paso extra y poner todos los modos de vídeo en un solo lugar.

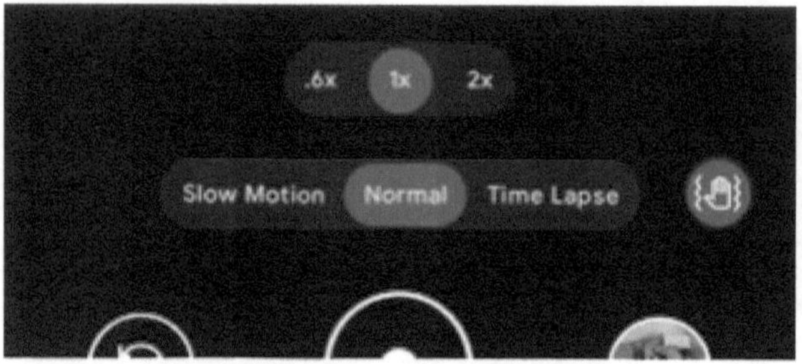

Hablando de esta área "Más", vamos a pulsarla a continuación para ver los otros modos disponibles. Hay tres más: PanoramaEsfera fotográfica y Lente. Los modos pueden tomar buenas fotos, pero son modos más divertidos.

Panorama es ideal para fotos de paisajes. La foto de abajo es un ejemplo (nota: no fue tomada con el Pixel):

La forma en que funciona en el Pixel, es que tomas una foto, y luego te mueves un poco a la derecha y tomas otra, y así sucesivamente; luego todas esas fotos se unen para hacer una foto gigante. Solo tienes que pulsar el botón de la flecha para cada foto y el botón azul para terminar (o el botón X para cancelar).

Photo Sphere es algo así como una foto panorámica: son varias fotos unidas. Pero mientras que una panorámica es recta, Photo Sphere es de 360 grados; es divertido para tu teléfono o para compartir en línea (como Facebook). Para usarlo, toca el obturador cuando estés en el modo Photo Sphere y mueve la cámara arriba y abajo, y a izquierda y derecha.

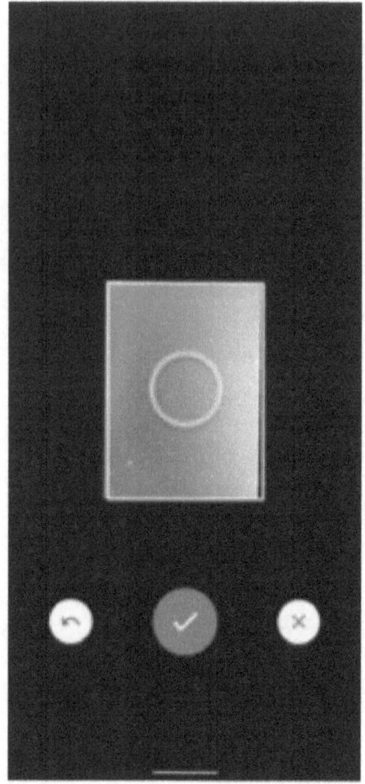

Antes de hacer la foto, también puedes tocar la flecha hacia abajo en la parte superior de la pantalla y cambiar la forma.

Cuando veas la foto, puedes usar el dedo para mover la dirección de la misma, o puedes tocar el modo VR en la esquina inferior derecha y utilizar auriculares VR.

El último modo es Lente. Ya he mencionado cómo se puede activar en el modo de cámara normal, pero hay más características en el modo de lente nativa.

Puede hacerlo en automático, pero dentro de este modo hay modos para traducir, escanear un documento, buscar productos de consumo o identificar alimentos. Por defecto, está en modo automático (el del medio), pero si pulsas sobre los otros iconos cambiarás de modo y obtendrás resultados más precisos.

La mayoría de los modos tienen ajustes exclusivos. Traducir, por ejemplo, te permite detectar automáticamente el idioma que estás escaneando o cambiarlo por otro diferente.

Dependiendo de lo que escanee, le dará información sobre el producto y podrá hacer clic para obtener más información.

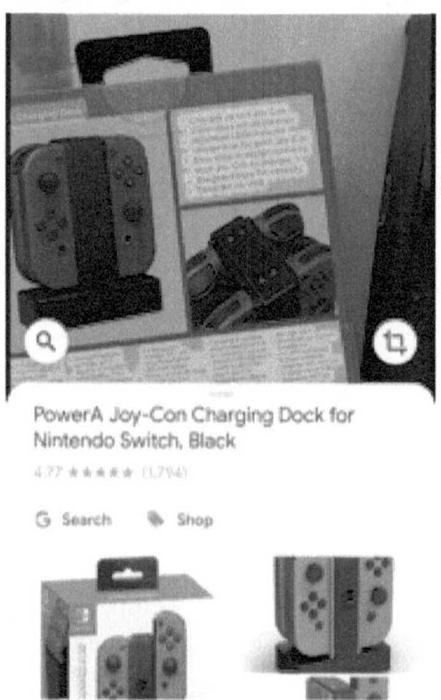

Edición de fotos

Una vez tomada la foto, puedes empezar a retocarla para que brille con luz propia. Puedes acceder a la edición abriendo la foto que deseas modificar. Para ello, ábrela desde la aplicación de la cámara haciendo clic en la vista previa de la foto (junto al obturador);

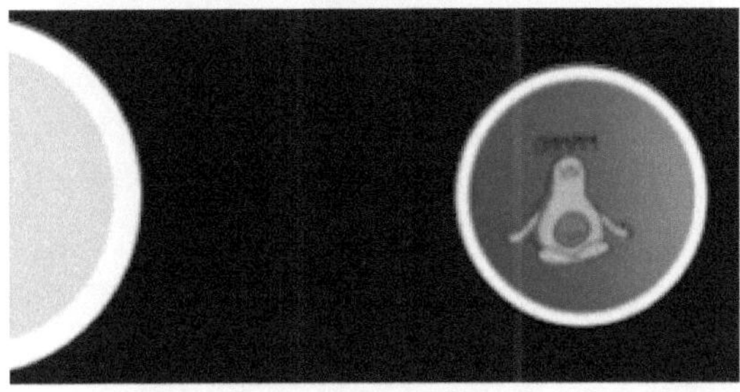

O abriendo la aplicación Fotos.

Cuando abras una foto, verás cuatro o cinco conjuntos de opciones en función del tipo de foto que sea. Las fotos de retrato tienen más opciones de edición. ¿Cómo sabes de qué tipo de foto se trata? La miniatura te lo dirá. Si ves una marca de tiempo, entonces es un vídeo; si no hay nada, entonces es una foto normal; si hay un retrato, entonces es una foto Retrato; y si hay una luna, entonces se tomó con el modo Noche.

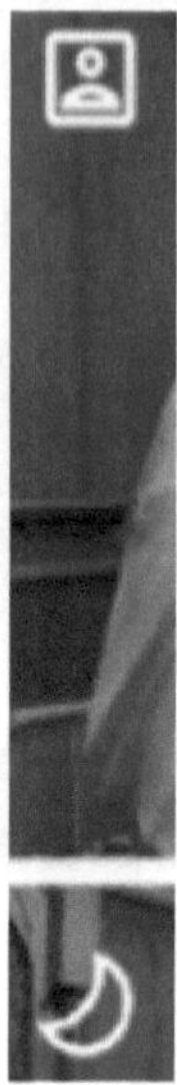

A continuación se indican las cuatro opciones disponibles para todas las imágenes.

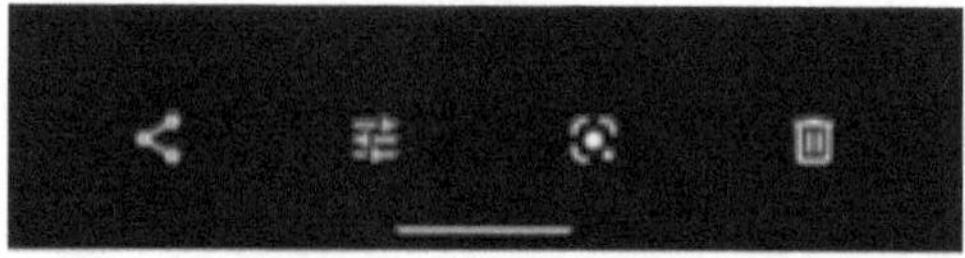

Y estas cinco opciones son las que sólo están disponibles para las fotos de Retrato. Las mismas opciones, pero una nueva adicional. La opción del medio es nueva.

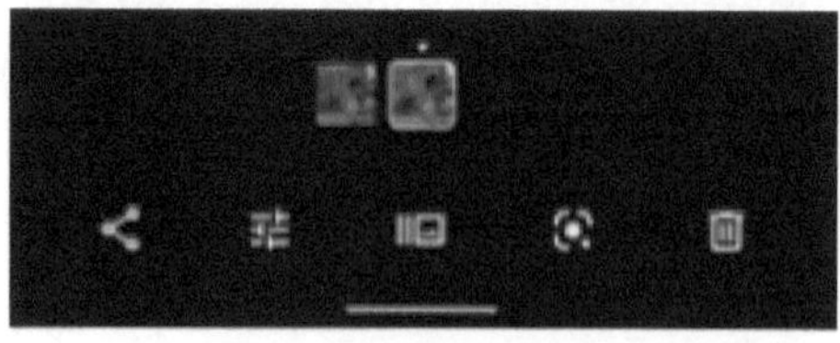

De izquierda a derecha, los cinco botones significan esto:

- Comparte la foto
- Editar la foto
- Guarda sólo una foto (Google hace varias tomas y te mostrará la mejor)
- Encender la lente
- Borrar la foto

La opción que quieres es la segunda: editar la foto.

Al pulsarlo, aparecen varias opciones muy útiles. La primera son las sugerencias. Esto te permite ajustar automáticamente la foto basándote en las recomendaciones de la IA del teléfono. Mejorar sería la más general.

En la parte inferior del teléfono hay un control deslizante que te permite ver el resto de opciones de edición.

El primero junto a Sugerencias es Cultivo. No te dejes engañar por el nombre. Sí, puedes hacer el tradicional "recorte" en el que quitas algunos de los bordes de la foto, pero aquí es también donde puedes rotar la foto o cambiar su dirección.

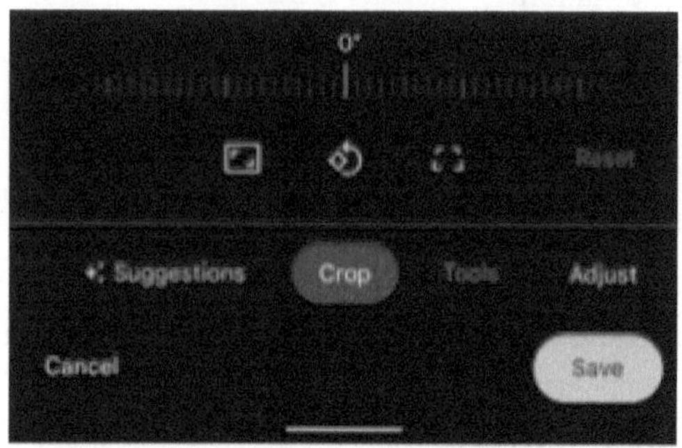

Tools tiene una de las funciones más nuevas y emocionantes: Magic Erase. ¿Quieres borrar el photobomber de la imagen? Hecho. ¿Esa antigua novia del instituto que te rompió el corazón? ¡Listo!

Antes de hablar más sobre esta herramienta de borrado mágico, permíteme mencionar brevemente que si estás editando una foto de retrato, verás aún más opciones (ver imagen inferior).

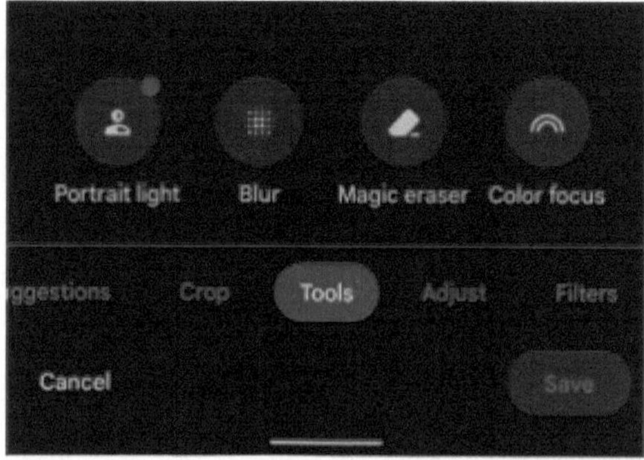

Aquí es donde puedes cambiar el enfoque de la imagen (para poder desenfocar algo más), ajustar la iluminación o reducir la cantidad de desenfoque.

Pero volvamos a la función principal: el borrado mágico. ¿Cómo funciona? Veámoslo. La imagen de abajo es genial, ¿verdad? Pero no me gusta esa estatua de la izquierda.

Para eliminarla, voy a Edición > Herramientas, selecciono Borrador mágico.

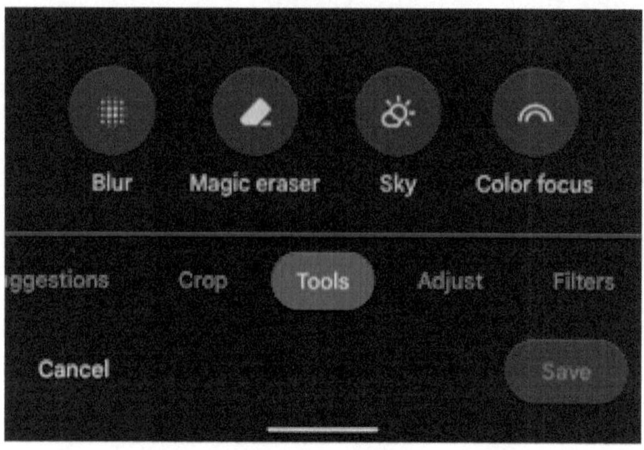

A partir de aquí, sólo tengo que frotar con el dedo la zona que quiero borrar.

Cuando termino, levanto el dedo. Puf. ¡Ha desaparecido!

Genial, ¿verdad? Asegúrate de tocar Hecho y guardarlo.

Si por casualidad no ves esta función, entonces probablemente necesites actualizar tu teléfono. Además, recuerda que esta función solo está disponible actualmente en el Pixel.

Junto a Herramientas está el botón Ajustar. Aquí es donde puedes ajustar manualmente cosas como el brillo. Sugerencias también lo hará, pero lo hará automáticamente.

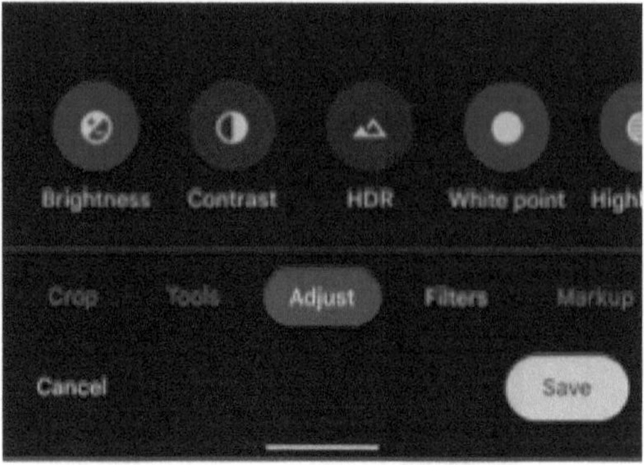

Al hacer clic en cualquiera de los ajustes aparecerá un nuevo deslizador; muévelo a izquierda o derecha para ajustar la intensidad.

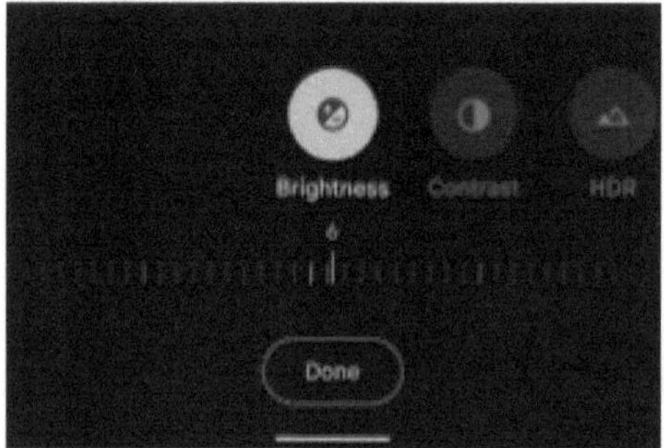

Filtros es el siguiente ajuste, y aplicará automáticamente un filtro sobre la foto. Si quieres que tenga un aspecto vívido, es decir, lleno de colores brillantes, toca el filtro Vívido.

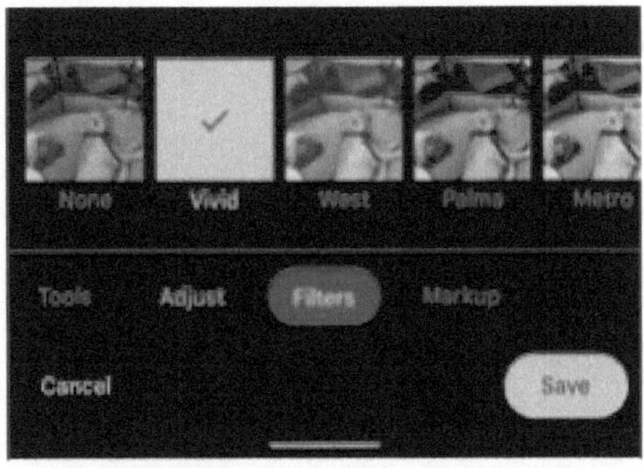

El último ajuste es Marcado. Este ajuste se utiliza para escribir texto o resaltar cosas en la foto. Por ejemplo, si quieres marcar con un círculo algo en la foto que quieres señalar a alguien.

Fotos borrosas

La IA de Google realmente ayuda a que las fotos brillen. La función de desenfoque te muestra todo el potencial de este motor de IA; puede tomar fotos previamente borrosas y enfocarlas.

Está debajo de Herramientas y dice Desenfocar. Tócalo una vez y automáticamente hará el ajuste que crea conveniente para la foto.

Una vez realizado el ajuste, verás un control deslizante que te permite realizar más ajustes: 100 es el máximo al que puedes llegar; si bajas los valores, la foto saldrá más borrosa.

Organizar tus fotos

Lo bueno de las fotos con el móvil es que siempre tienes una cámara lista para capturar acontecimientos memorables; lo malo de las fotos con el móvil es que siempre tienes una cámara lista para capturar acontecimientos, y te darás cuenta de que tienes cientos y cientos de fotos muy rápidamente.

Afortunadamente, Google hace que sea muy sencillo organizar tus fotos para que puedas encontrar lo que buscas.

Abramos la aplicación Fotos y veamos cómo organizar las cosas.

Pixel mantiene las cosas bastante simples al tener sólo cuatro opciones en la parte inferior de la pantalla.

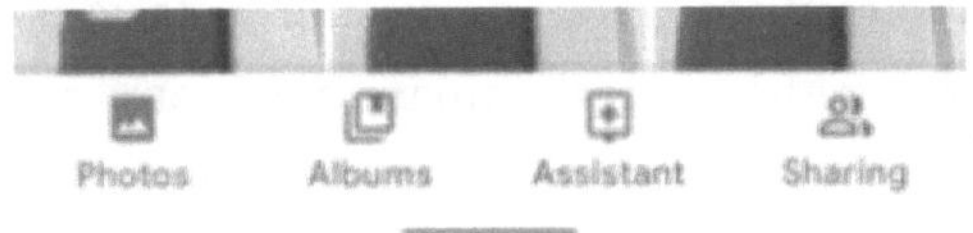

En la esquina superior derecha, hay tres puntos, que es el menú de opciones de fotos; ese menú está ahí estés donde estés en la aplicación Fotos.

Cuando pulses ese menú, te aparecerán varias opciones más.

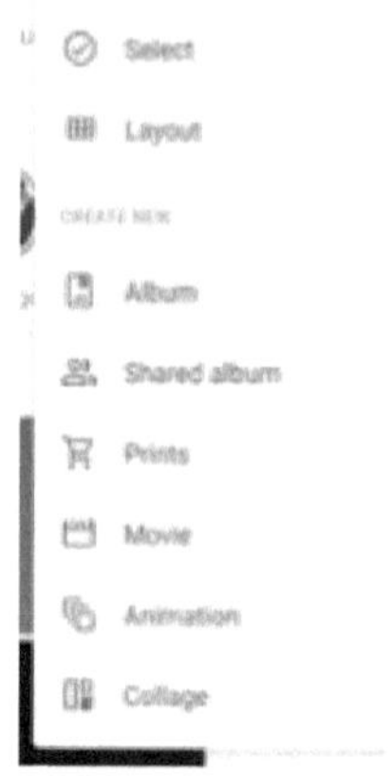

Las opciones son las siguientes:

- Seleccionar: te permite seleccionar fotos en la pantalla para que puedas compartirlas, enviarlas por correo electrónico, imprimirlas, etc.
- Diseño - Hay dos modos de diseño: Vista cómoda (esta vista crea una cuadrícula con miniaturas de fotos pequeñas y grandes) y Vista mes (todas las miniaturas tienen el mismo tamaño.

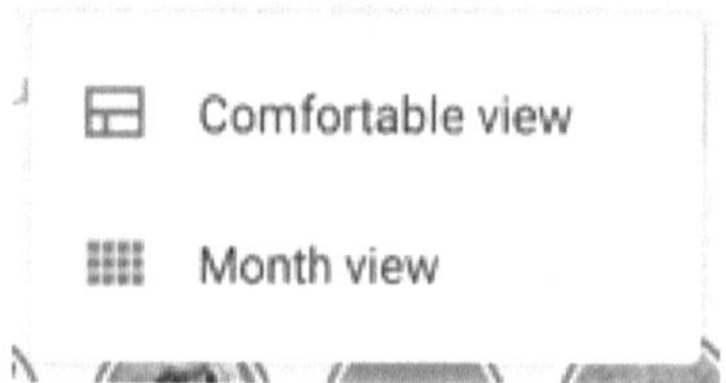

- Álbum - Te permite crear un álbum seleccionando fotos o caras.

- Álbum compartido - Te permite compartir álbumes.
- Impresiones - Crea rápidamente álbumes de fotos que puedes imprimir y enviar a tu casa.

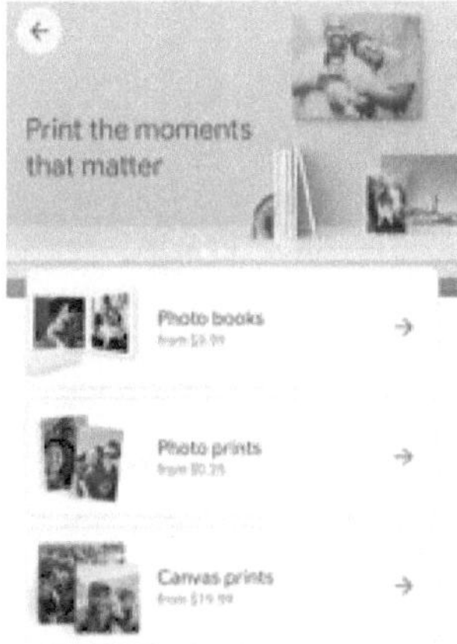

- Película - Las películas te permiten crear recuerdos en vídeo de tus fotos. Puedes seleccionar "Nueva película" y crear una basada en las fotos seleccionadas o elegir una de las muchas plantillas. Si eliges esta opción, las películas pueden tardar varios minutos en generarse.

- Animación - La animación es algo así como un .gif; mientras que las películas pueden durar varios minutos, las animaciones son sólo unos segundos.
- Collage - Collage te permite elegir hasta nueve fotos para combinarlas en un collage. Si eliges menos, Google las organizará automáticamente por ti. A continuación se muestra un ejemplo de tres fotos en un collage. No hay muchas opciones de personalización, así que si quieres un collage, puedes descargar una aplicación de collage gratuita que tenga más herramientas.

En la esquina superior izquierda hay tres líneas; esto abre su segunda pantalla de opciones de menú.

Algunas de las opciones (como comprar copias) son las mismas que ya has visto en el otro menú.

Marcos de fotos es una opción disponible si tienes un Google Nest Hub (o Google Hub). Esto le permite elegir las fotos que se muestran en su Hub.

Carpetas de dispositivos es donde puedes encontrar capturas de pantalla si has tomado alguna. Puedes hacer una captura de pantalla pulsando el botón naranja y el botón de bajar volumen al mismo tiempo.

Archivar te ayuda a ordenar tu teléfono. Puedes archivar fotos para que tu área de fotos principal tenga menos fotos; al archivarlas, se colocan aquí, pero seguirán siendo buscables.

Si borras una foto, en realidad no se elimina permanentemente de tu dispositivo... todavía. Se traslada aquí. Esto es útil si tienes un hijo al que le gusta borrar cosas. Si tocas una de las fotos, puedes restaurarla o eliminarla; si la eliminas, se habrá ido para siempre.

"Liberar espacio" elimina las fotos de tu dispositivo y hace una copia de seguridad de ellas en tu cuenta de Google. Podrás seguir viéndolas siempre que quieras.

Configuración se tratarán en las próximas secciones.

Por último, PhotoScan es una aplicación gratuita que tienes que descargar para usarla; la aplicación te permite usar tu cámara Pixel para escanear fotos antiguas impresas. Funciona sorprendentemente bien y es recomendable si tienes muchas fotos que quieres guardar.

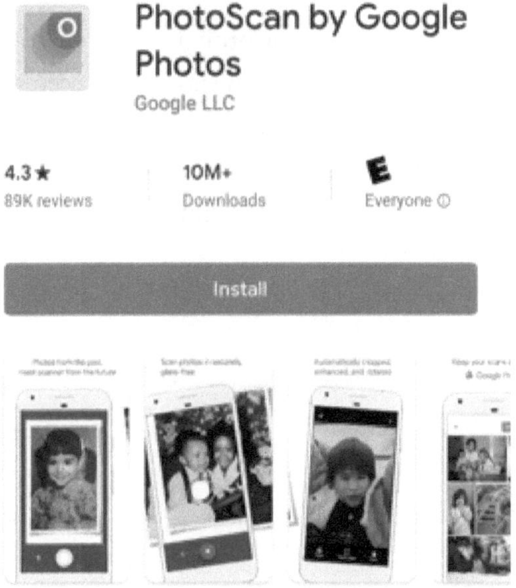

La siguiente pestaña en la parte inferior de la aplicación Fotos (Álbumes) es donde puedes empezar a agrupar tus fotos. Ya hay cosas como Lugares y Cosas que tienen álbumes; si has marcado algo con una estrella, también verás uno para Favoritos.

Lo que quizá no sepas es que Google está trabajando silenciosamente en segundo plano para averiguar quién aparece en las fotos. Cuando hagas varias fotos, verás una llamada Personas y mascotas.

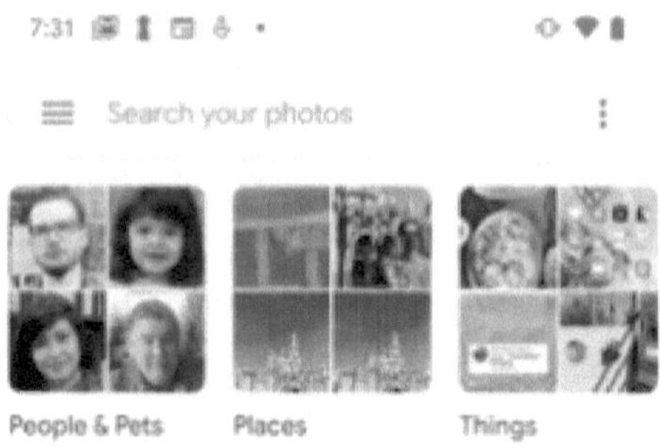

Cuando la abras, verás a gente que probablemente reconozcas y, al hacer clic en ella, te mostrará otras fotos en las que aparecen. Genial, ¿verdad? Lo mejor es que puedes nombrar a esas personas para buscarlas más fácilmente. Solo tienes que hacer clic en su cara y, a continuación, tocar "Añadir un nombre". En el ejemplo siguiente, Google ha encontrado la cara de mi perro.

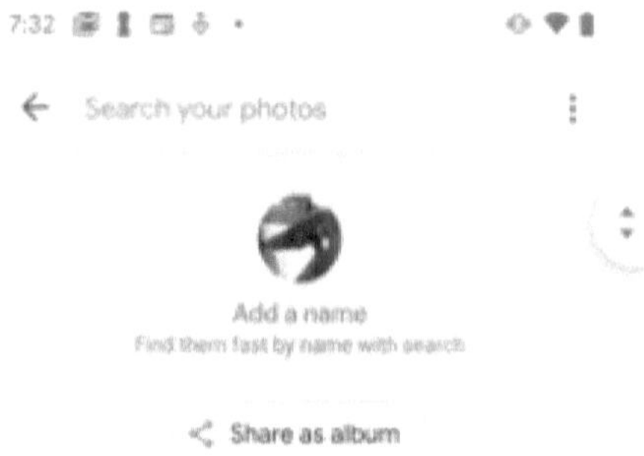

He añadido su nombre, así que cuando vuelvo atrás, ahora veo su foto con su nombre. Ahora puedo buscar fotos utilizando su nombre. También puedes buscar fotos utilizando nombres de lugares o incluso alimentos o cosas. La búsqueda de fotos es bastante inteligente, y se vuelve aún más inteligente a medida que haces más fotos.

Cuando quieras crear un nuevo álbum, sólo tienes que hacer clic en los tres puntos de la esquina superior derecha.

Te pedirá que le pongas un nombre; puedes elegir el que quieras. A partir de aquí, puedes seleccionar automáticamente cosas basadas en personas y mascotas, o puedes seleccionar tus propias fotos.

Si seleccionas las fotos por tu cuenta, tendrás que tocar manualmente cada una de las que quieras incluir en el álbum.

Si seleccionas que se cree automáticamente, sólo tendrás que elegir lo que quieres utilizar (el nombre de una persona, por ejemplo).

Una vez creado el álbum, puedes tocar los tres puntos de la esquina superior derecha para añadir más fotos, ordenarlas, eliminarlas o compartirlas.

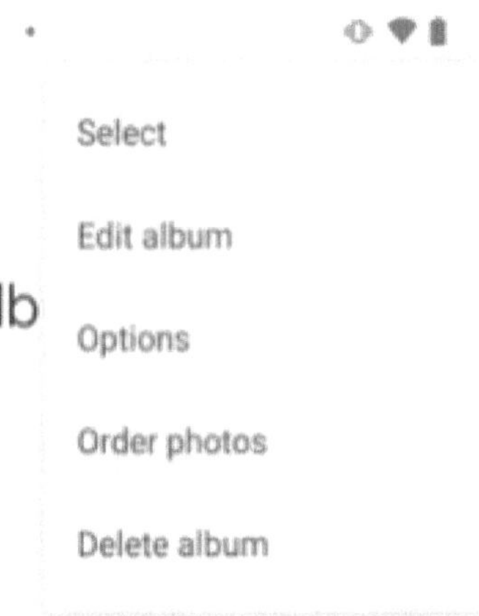

También puedes hacer clic en el botón Compartir del álbum (o de cualquier foto), que abre el menú Compartir. Puedes compartirla con un enlace, por correo electrónico, Bluetoothmensaje de texto, etc.

La opción Assistant son recomendaciones del bot de IA de Google; recopila recuerdos basados en los lugares en los que has estado y agrupa lo que considera las mejores instantáneas.

La última opción del menú inferior es Compartir. Compartir te permite seleccionar a otras personas que pueden ver tus fotos. Puedes, por ejemplo, compartir todas las fotos de una determinada persona con esa persona, y puedes configurarlo para que comparta nuevas fotos de esa persona cada vez que las hagas.

Para empezar, sólo tienes que pulsar "Añadir cuenta de socio".

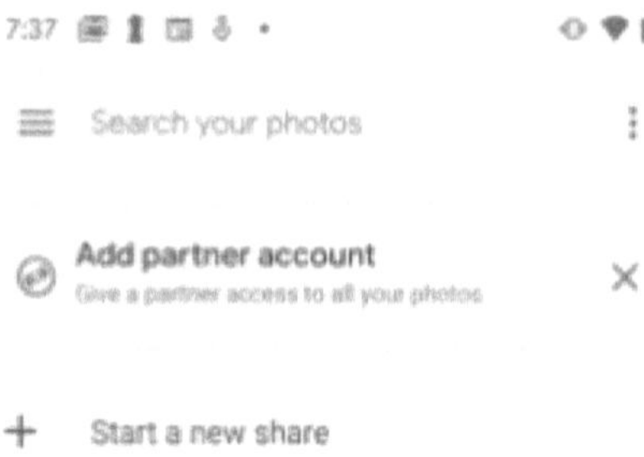

A continuación verás una pantalla en la que se te explica qué es compartir. Pulsa la opción azul "Empezar".

Desde aquí buscarás el nombre o el correo electrónico de la persona; es posible que Google también te sugiera algunos contactos, y basta con que pulses su nombre.

Una vez que elijas a la persona, te preguntará qué quieres compartir. Puedes compartir todas las fotos ahora y en el futuro, o elegir determinadas personas o días.

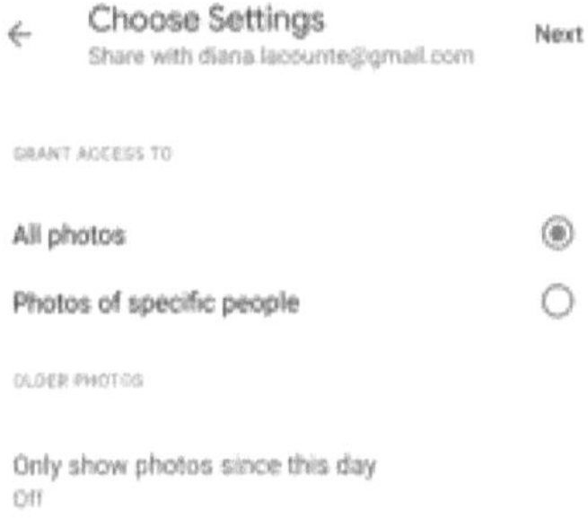

Confirmará lo que estás compartiendo antes de compartirlo; una vez que pulses "Enviar invitación", enviará una invitación por correo electrónico a esa persona y tendrá que aceptarla antes de ver realmente las fotos.

✓   All of your photos

✓   Including older photos

New photos will be shared automatically. Learn more

Send invitation

✓   All of your photos

✓   Including older photos

Ajustes

Es probable que no pases mucho tiempo en la configuración de Fotos, pero aún así es bueno conocerla para aquellas ocasiones en las que quieras hacer cambios.

Puedes acceder a los ajustes abriendo la aplicación Fotos, pulsando sobre las tres líneas de la esquina superior izquierda y, a continuación, sobre Ajustes.

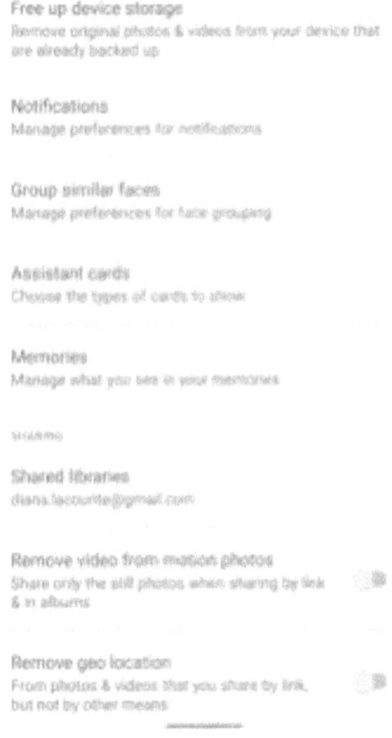

Hay tres áreas de configuración: Principal, Compartir y Google apps.

Ajustes principales

- Copia de seguridad y sincronización: te permite elegir cómo se hace la copia de seguridad de las fotos (a qué cuenta de correo electrónico están vinculadas, la resolución de las fotos, cuándo hacer la copia de seguridad, dónde hacerla, etc.).

- Libera almacenamiento en el dispositivo: elimina fotos del dispositivo y las almacena en tu cuenta para que tengas más espacio para fotos adicionales.

- Notificaciones - Te permite elegir el tipo de notificaciones emergentes que recibirás en relación con las fotos (sugerencia de compartir, promociones de impresión, borradores de libros de fotos, libros de fotos sugeridos).

- Agrupar caras similares - Activa y desactiva la agrupación de caras; si no quieres que un robot escanee tus fotos para averiguar la persona que sale en la foto, puedes desactivarla aquí.

- Tarjetas del Asistente: elige las tarjetas que aparecen en el menú Asistente de la aplicación Fotos (Creaciones, Redescubrir este día, Destacados recientes, Rotaciones sugeridas, Archivo sugerido).

- Recuerdos - Los recuerdos suelen ser divertidos; ver que Google te muestra una foto de tu hijo cuando era bebé puede hacerte sonreír al empezar el día. Pero, a veces, los recuerdos pueden ser un desastre: si te divorcias o muere un ser querido, Google te recordará su cara. Aquí puedes eliminar a esas personas de tus recuerdos. Esto no significa que las elimines de tu cuenta, sino que dejarán de aparecer en tu feed.

Ajustes compartidos

- Bibliotecas compartidas: te permite ver quién puede ver tus fotos.

- Elimina el vídeo de las fotos en movimiento - Las fotos en movimiento son bonitas, pero también grandes. Si prefieres mostrar solo la foto y no el videoclip que la acompaña, puedes desactivarlo aquí.

- Elimina la geolocalización: tus fotos tienen etiquetas geográficas (a menos que las desactives), lo que significa que cuando compartes una foto, puede que aparezca tu dirección.

Si no quieres que la gente lo vea, puedes desactivar la geolocalización de las personas con las que compartes la foto.

Aplicaciones de Google

- Ubicación de Google te permite elegir qué aplicaciones pueden ver tus fotos.
- Google Lens - No es tanto un ajuste como unas instrucciones sobre cómo utilizar la aplicación.

[7]

Ir más allá

Este capítulo tratará:

- Configuración del sistema

Si quieres tener el control total de tu Pixel, entonces necesitas saber dónde están los ajustes del sistema y qué se puede y qué no se puede cambiar allí.

Primero la parte fácil: los ajustes del sistema se encuentran con el resto de tus aplicaciones. Desliza el dedo hacia arriba y baja hasta "Ajustes."

Aquí hay muchos ajustes. A continuación se muestran los disponibles:

- Redes e Internet
- Dispositivos conectados
- Aplicaciones
- Notificación

- Batería
- Almacenamiento
- Sonido y vibración
- Mostrar
- Papel pintado y estilo
- Accesibilidad
- Privacidad
- Ubicación
- Seguridad y emergencias
- Seguridad
- Contraseñas y cuentas
- Bienestar digital y control parental
- Google
- Sistema
- Acerca del teléfono
- Consejos y ayuda

En este capítulo explicaré lo que hace cada ajuste.

Redes e Internet

Este ajuste, como la mayoría de los ajustes, hace exactamente lo que parece: se conecta a Internet. Si necesitas conectarte a una nueva conexión inalámbrica (o desconectarte de una) puedes hacerlo aquí. Si pulsas sobre la conexión inalámbrica actual, podrás ver otras redes, y el conmutador te permite activarla y desactivarla.

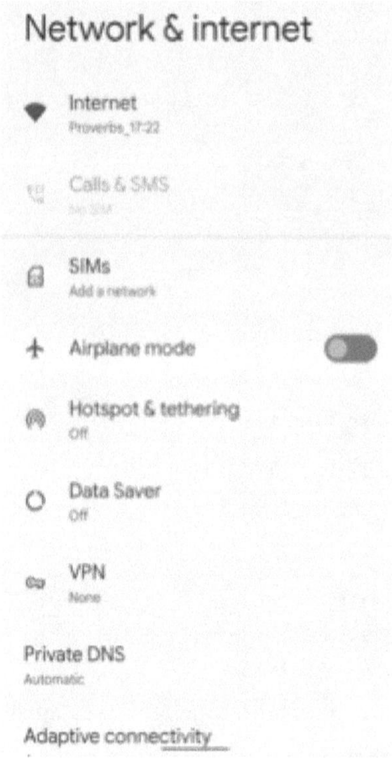

Network & internet

Internet
Proverbs_17:22

Calls & SMS

SIMs
Add a network

Airplane mode

Hotspot & tethering
Off

Data Saver
Off

VPN
None

Private DNS
Automatic

Adaptive connectivity

La red móvil corresponde a tu operador (Verizon, AT&T, Sprint, etc.).

El uso de datos te indica cuántos datos has utilizado; si pulsas sobre él obtendrás una visión más profunda, para que puedas ver exactamente qué aplicaciones han utilizado los datos. ¿Por qué es importante? Para la mayoría, probablemente no lo sea. Pondré un ejemplo de cuando me ayudó: Trabajo mucho sobre la marcha; uso la conexión inalámbrica de mi teléfono para conectar mi portátil (lo que se llama tethering); mi MacBook estaba configurado para hacer copias de seguridad en la nube, y no sabía que lo estaba haciendo mientras se conectaba a mi teléfono... 20 GB más tarde, pude identificar lo que había pasado mirando los datos.

Por debajo están Hotspot y tethering. Esto es cuando usas los datos de tu teléfono para conectar otros dispositivos; puedes usar el plan de datos de tu teléfono, por ejemplo, para usar Internet en tu iPad. Algunas operadoras cobran un extra por ello; la mía (AT&T) lo incluye en el plan. Para usarlo, pulsa el ajuste y actívalo, luego nombra tu red y contraseña. Desde el otro dispositivo, busca la red que has configurado y conéctate.

El modo avión es el siguiente. Este ajuste apaga toda la actividad inalámbrica con un interruptor. Así que si estás volando y te dicen que apagues todo lo inalámbrico, puedes hacerlo con un interruptor.

Finalmente, Avanzado es para hacer algunas conexiones inalámbricas en una red privada. Esto no es algo que un usuario principiante necesitaría hacer, y no voy a cubrirlo, ya que el punto de este libro es mantenerlo ridículamente simple.

Dispositivos conectados

"Dispositivos conectados" es la forma que tiene Google de decir Bluetooth. Si tienes algo que se conecta por Bluetooth (como una radio de coche o unos auriculares) toca "Emparejar nuevo dispositivo". Si ya has emparejado algo anteriormente, aparecerá debajo y podrás tocarlo para volver a conectarlo.

Aplicaciones

Cada aplicación que descargas tiene diferentes configuraciones y permisos. Una aplicación de mapas, por ejemplo, necesita tu permiso para conocer tu ubicación. Puedes activar y desactivar estos permisos aquí. ¿Realmente importa? Los creadores de aplicaciones no pueden abusar, ¿verdad? Más o menos. He aquí un ejemplo: hace unos meses, una popular aplicación de viajes compartidos saltó a los titulares porque quería saber dónde se encontraban los pasajeros una vez que abandonaban el viaje, para poder promocionar diferentes restaurantes y tiendas y ganar aún más dinero. A muchos les pareció codicioso y una invasión de la intimidad; si eres de estos últimos, puedes entrar aquí y dejar de compartir tu ubicación.

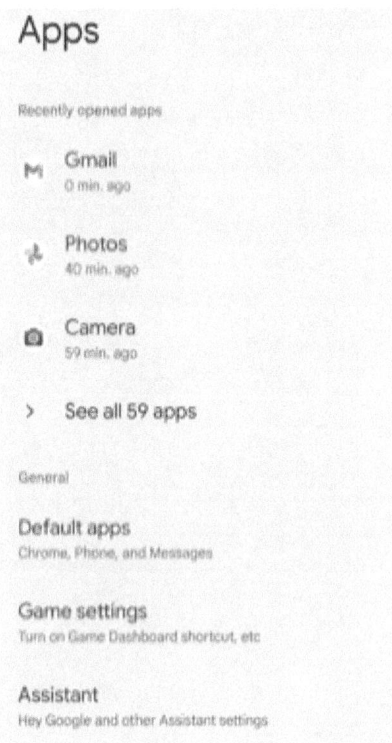

También puedes utilizar esta opción para activar los Atajos de Juego.

Notificaciones

¿Quieres ver las notificaciones que has descartado accidentalmente? Puedes hacerlo en los ajustes de Notificaciones. También puedes decidir la prioridad que tienen las personas cuando recibes notificaciones. Las burbujas permiten que las conversaciones aparezcan como iconos flotantes; puedes activarlas y desactivarlas aquí.

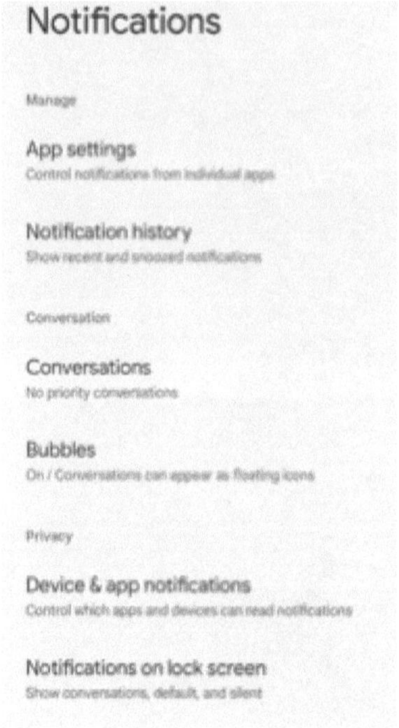

Batería

La configuración de la batería es más un análisis que una configuración que puedas cambiar. Hay algunos ajustes que puedes modificar: por ejemplo, puedes poner el teléfono en modo de ahorro de batería. Esta configuración es más útil si la batería se está agotando demasiado rápido; te ayuda a solucionar problemas para que puedas obtener más vida de tu teléfono.

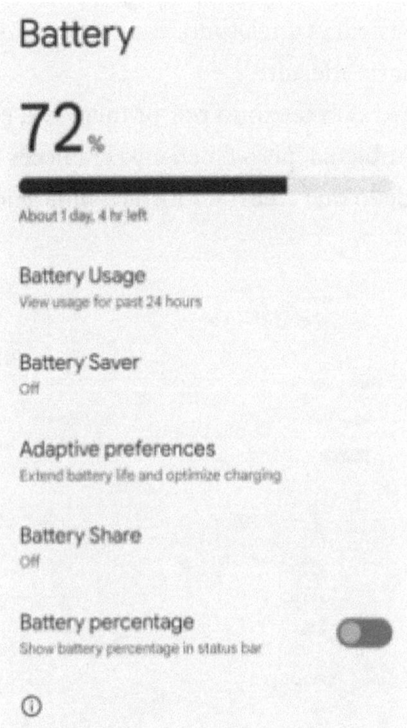

Una batería más inteligente

La IA de Google puede extenderse a la duración de tu batería. Por defecto, el Pixel entrará automáticamente en modo de ahorro de batería cuando llegue al 10% de batería restante. Eso está muy bien. Pero también puedes configurarlo para que se active en función de tu rutina. Así, la IA de Google predice tus hábitos diarios y ajusta la batería en consecuencia.

Para utilizar este modo, ve a la aplicación Ajustes del sistema y toca Batería y Ahorro de batería. A continuación, toca Establecer un horario. Toca la opción que dice "Basado en tu rutina".

Almacenamiento

El Pixel no tiene almacenamiento ampliable para SD; eso significa que lo que compres para tu teléfono, esa es la cantidad que tienes. No puedes ampliarlo más adelante.

Cuando adquieras el teléfono por primera vez, el almacenamiento no será un gran problema, pero en cuanto empieces a hacer fotos (que son más grandes de lo que crees) y a instalar aplicaciones, se te irá muy rápido.

La configuración del almacenamiento te ayuda a gestionarlo. Te muestra lo que está ocupando espacio, para que puedas decidir si quieres borrar cosas. Toca cualquiera de las subsecciones y sigue las instrucciones para ahorrar espacio.

Sonido y vibración

Hay un botón de volumen en el lateral del teléfono, así que ¿para qué quieres abrir un ajuste? Este ajuste te permite ser más específico sobre el volumen.

Por ejemplo, puedes querer que tu alarma suene muy alto por la mañana, pero que tu música suene muy bajo.

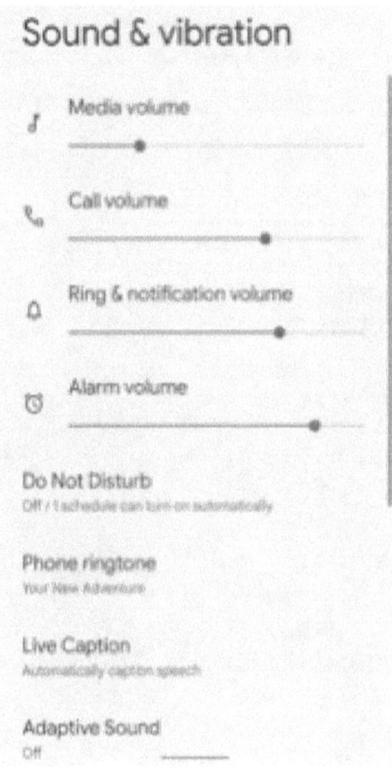

Mostrar

Como ocurre con la mayoría de los ajustes, casi todas las características principales de la configuración de Pantalla se pueden cambiar fuera de la aplicación. Sin embargo, si pulsas "Avanzado", verás algunos ajustes que no están en otros lugares. Entre ellos, cambiar los colores y el tamaño de las fuentes.

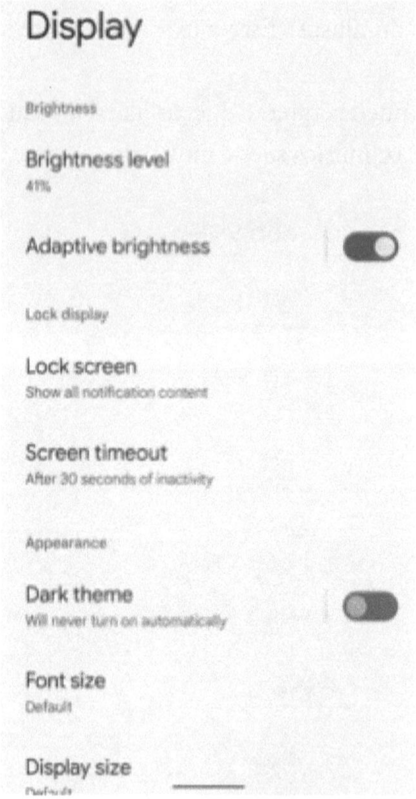

Papel pintado y estilo

Este ajuste no es más que el que aparece cuando accedes al fondo de pantalla desde la pantalla de inicio.

Accesibilidad

¿Odias los teléfonos porque el texto es demasiado pequeño, los colores están mal, no se oye nada? ¿O por alguna otra cosa? Ahí es donde la accesibilidad puede ayudar. Aquí es donde se hacen cambios en el dispositivo para que sea más fácil para los ojos o los oídos.

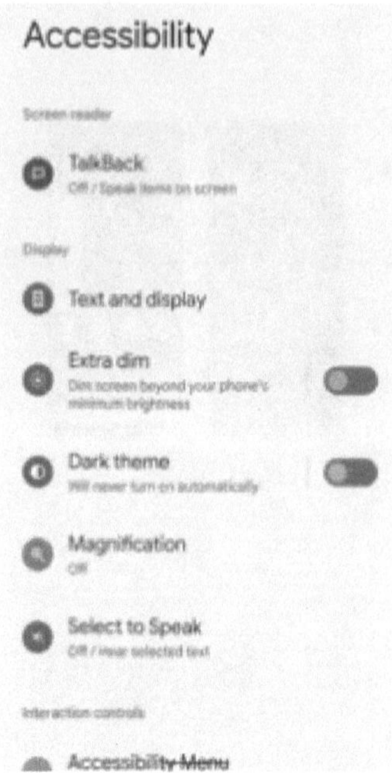

Privacidad

Como el control Control (cubierto más adelante), Privacidad han recibido una gran actualización en Android 12. Es tan grande, que ahora llena una sección entera en la configuración.

Vaya a Sistema > Privacidad y toca "Avanzado" para verlos todos.

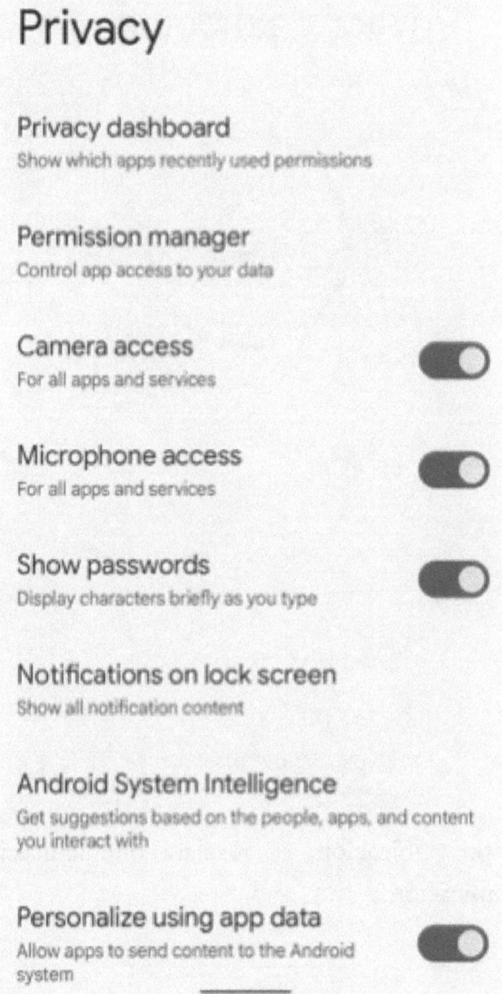

La mayor mejora es la posibilidad de personalizar qué aplicaciones ven qué; ya no es todo o nada. Puedes ajustar exactamente lo mucho o poco que puede ver cada aplicación.

El Panel de privacidad es una de las formas más sencillas de ver lo que hacen las aplicaciones. En el siguiente ejemplo, se muestra que en las últimas 24 horas, la mayoría de mis aplicaciones estaban utilizando mi ubicación.

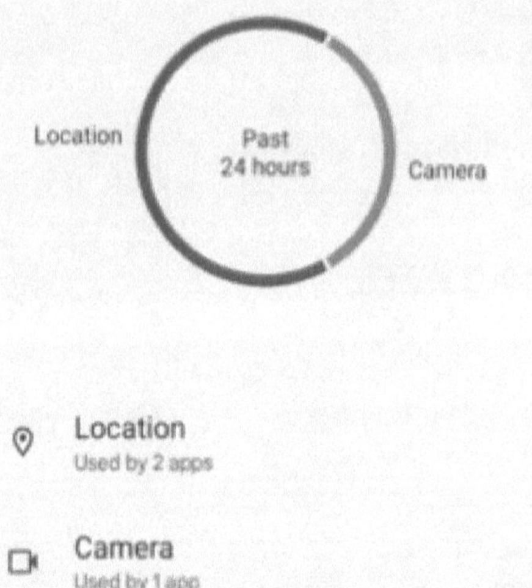

Al pulsar sobre Ubicación, se revelará qué aplicaciones estaban utilizando la ubicación.

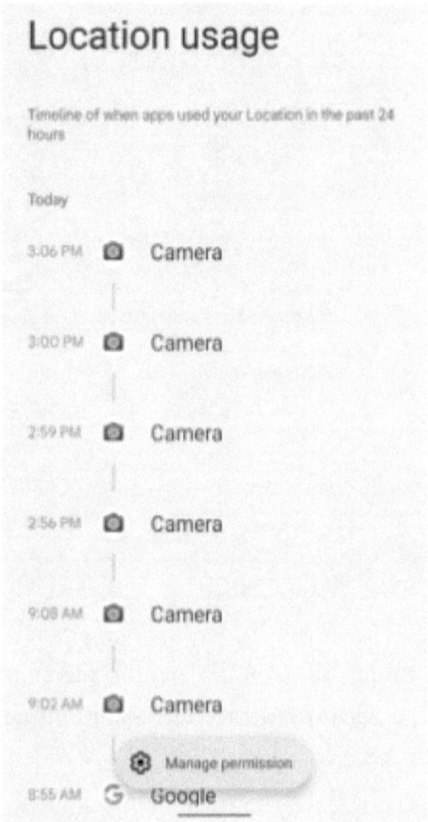

A continuación, puedes pulsar en Gestionar permisos (en esta pantalla o en la pantalla principal de configuración) para desactivar el uso compartido de la ubicación.

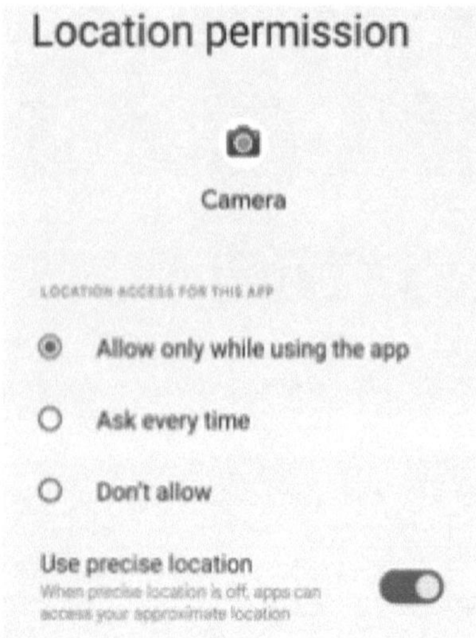

Seguridad

Si quieres cambiar tu pantalla de bloqueo, añadir una huella dactilar adicional, o activar / desactivar la configuración de encontrar tu teléfono, puedes hacerlo aquí.

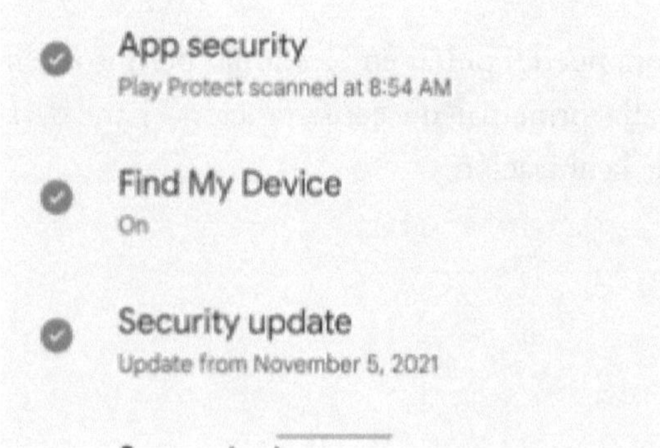

Ubicación

En el pasado, el control de era una función de todo o nada: decidías si una aplicación podía verte todo el tiempo o nada. Está bien para la privacidad, pero no para cuando necesitas que alguien conozca tu ubicación, como cuando te recoge una aplicación de transporte como Lyft. El nuevo sistema operativo Android añade una nueva opción para cuando estés utilizando la aplicación. Así, por ejemplo, una aplicación de viajes sólo puede ver tu ubicación mientras la utilizas; una vez que el viaje ha terminado, ya no pueden ver lo que estás haciendo.

Para elegir qué ubicación puede ver una aplicación, ve a Sistema > Ubicación y selecciona la aplicación; a continuación, toca cuándo pueden ver tu ubicación.

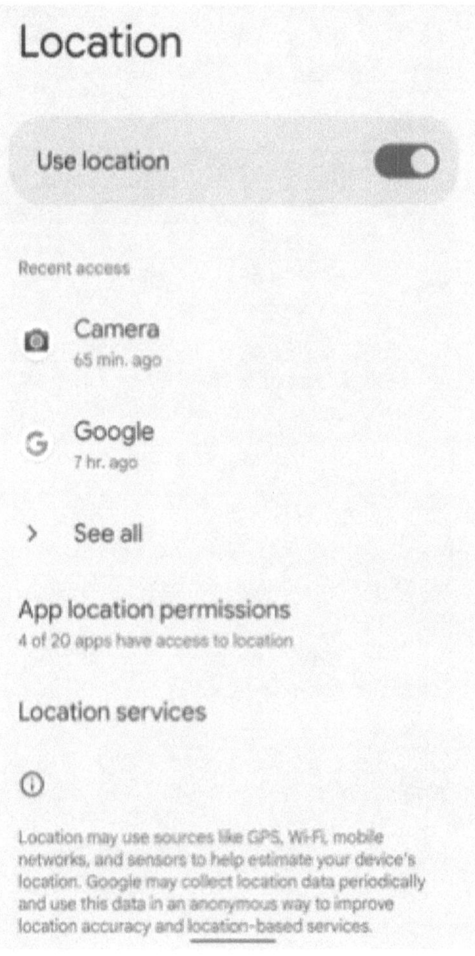

Seguridad y emergencias

Estos ajustes te permiten añadir datos importantes sobre ti, como tu grupo sanguíneo; también te permiten activar funciones de seguridad, como la detección de colisiones si tu dispositivo móvil detecta un movimiento habitual en los accidentes de coche.

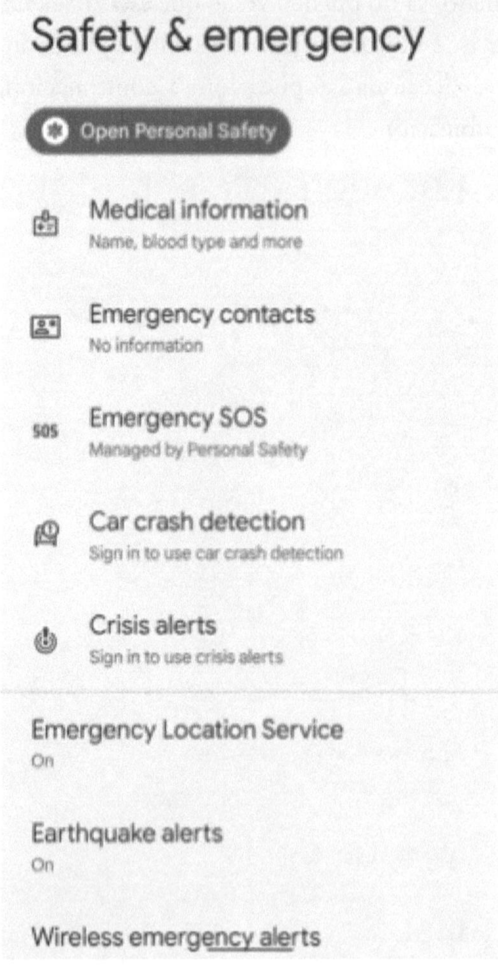

Detección de colisiones

Nadie espera utilizar esta función, pero la agradecerás si ocurre lo impensable. Con la detección de accidentes activada, tu teléfono avisará a los servicios de emergencia si detecta que has tenido un accidente de tráfico. No llamará inmediatamente, sino que te dará un aviso para indicarte lo que está haciendo, de modo que si se trata de un error, puedas detenerlo. Para activarlo, ve a Ajustes > Seguridad y emergencias > Detección de accidentes de tráfico.

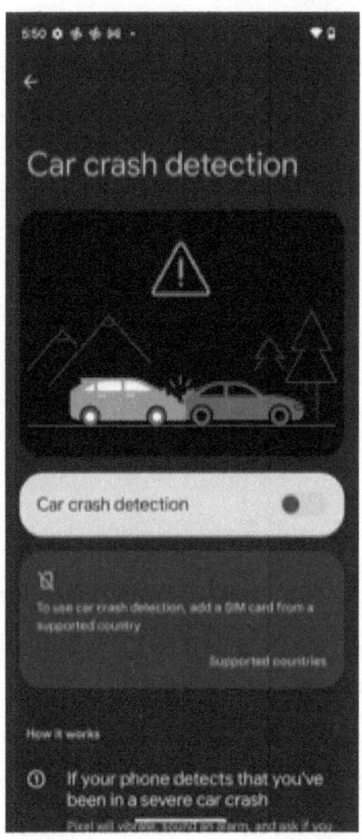

Bienestar digital

Bienestar Digital es la función que menos me gusta del teléfono Pixel; ahora, cuando mi mujer me diga: "Pasas demasiado tiempo con el teléfono", ¡podrá demostrarlo!

El objetivo de este ajuste es ayudarte a gestionar mejor tu tiempo. Te permite saber que pasas 12 horas al día actualizando tus redes sociales con memes de gatos, y "con suerte" te hace sentir que quizás no deberías hacerlo.

Digital Wellbeing &
parental controls

Your Digital Wellbeing tools

Use app timers and other tools to keep track of screen time and unplug more easily

Show your data

Parental controls

Add content restrictions and set other limits to help your child balance their screen time

Google

Google es donde irás para gestionar cualquier dispositivo de Google conectado con tu teléfono. Por ejemplo, si utilizas un reloj de Google o un Chromecast.

Sistema

El sistema es importante por una razón muy importante: las actualizaciones del sistema. Si no tienes tu teléfono configurado para descargar actualizaciones automáticamente, entonces tendrás que hacerlo manualmente aquí.

Pulse el botón "Avanzado".

Esto te da un menú con más funciones. Una es la "Actualización del sistema". Si hay una actualización disponible, lo dirá. Si lo dice, entonces tócalo.

Tendrás que reiniciar el teléfono antes de que se descargue.

También puedes cambiar el idioma en esta configuración, así como realizar cambios en los gestos y poner límites a los usuarios.

Acerca del teléfono

Aquí encontrarás información general sobre tu teléfono. Por ejemplo, el sistema operativo que está ejecutando, el tipo de teléfono que tiene, la dirección IP, etc. Es más una información para tu información, pero hay algunos ajustes aquí que puedes cambiar.

Consejos y ayuda

Esto no es realmente un ajuste. Son sólo consejos y apoyo. También puedes hablar con apoyo aquí.

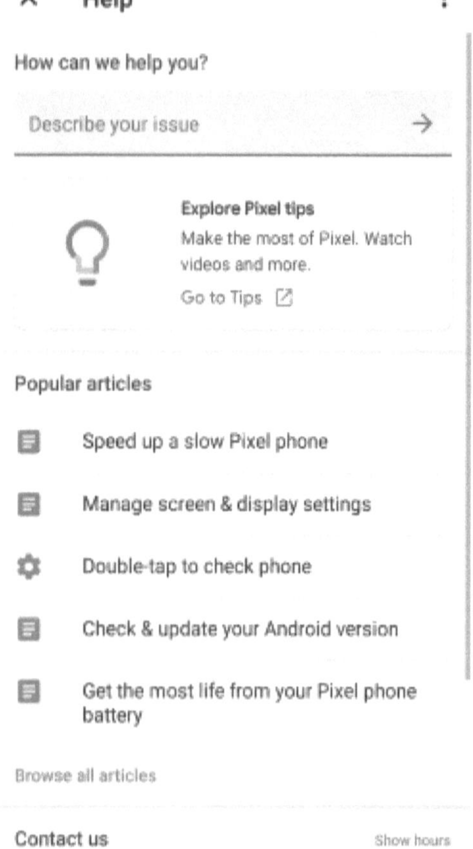

Índice

V

W

Sobre el autor

Scott La Counte es bibliotecario y escritor. Su primer libro, *Queit, Please: Dispatches from a Public Librarian* (Da Capo 2008) fue la elección del editor para el Chicago Tribune y un título Discovery para Los Angeles Times; en 2011, publicó el libro YA The N00b Warriors, que se convirtió en un bestseller #1 de Amazon; su libro más reciente es *#OrganicJesus: Finding Your Way to an Unprocessed, GMO-Free Christianity* (Kregel 2016).

Ha escrito docenas de las guías más vendidas sobre productos tecnológicos.

Puede ponerse en contacto con él en ScottDouglas.org.